Wolfgang Berke / Uwe Hirschmann

Erlebnis Motorrad

für Fahrerinnen und Fahrer im Raum

Hamburg

und

Norddeutschland

- ▨ die besten Kurven
- ▨ die schönsten Touren
- ▨ unbekannte Schleichwege
- ▨ viele Treffs und Einkehrtipps

Klartext

Vielen Dank

allen, die am Entstehen dieses Buches mitgewirkt haben. Ganz besonders: Fritz Plähn, Uwe Trosin, Britta Niklas, Arne Hirschmann und Henning Haake.

Alle Touren dieses Buches gibt es auch als GPS-Dateien zum Download. Mehr Informationen: **www.medienbuero.info**

Erlebnis Motorrad Hamburg und der Norden

Wolfgang Berke / Uwe Hirschmann

Essen: Klartext Verlag 2007
ISBN: 978-389861-824-3
Gestaltung: Wolfgang Berke, medienbüro -ruhr-
Kartografie: INCH3, Bielefeld
Lektorat: Hans-Joachim Pagel
Druck und Bindung: WAZ-Druck, Duisburg
© Klartext-Verlag, Essen / Wolfgang Berke (medienbüro -ruhr-)
Alle Rechte vorbehalten.

Ein Motorradführer für zu Hause?

Aber klar doch! Schließlich finden, statistisch gesehen, 90 Prozent aller Motorradfahrten im Umkreis von 100 Kilometern um den Wohnort statt.

Tourenführer für die Fernreise gibt es viele. Aber für die Heimat? Höchste Zeit also für dieses Buch!

Raus aus der Stadt, rein ins Vergnügen!

Das Vergnügen beginnt (fast) vor der Haustür. In der Peripherie, gleich am Rande der Stadt, bekommt unser Motorrad seinen tieferen Sinn. Wenn es rollen darf, wenn der Blick auf den Tacho überflüssig wird, wenn die Kurvenbögen nur für uns gezirkelt erscheinen – und wenn das satte Grün drum herum unsere Sinne ebenso betört wie der Klang des kompakten Kraftwerks unter uns.

Erlebnis Motorrad!

Zum Motorradfahren braucht es nicht nur das Moped, sondern auch Strecke, Landschaft, Straße und Stopps. Und zwar nicht irgendwo weit weg, sondern um die Ecke.

Und deshalb gibt es jetzt endlich dieses Buch, das erste seiner Art für Motorradfahrerinnen und Motorradfahrer aus dem Raum Hamburg!

Motorradfahren durch die nahe Heimat, im besten Sinne. Schöne Strecken am Feierabend und am Wochenende. Tipps und Infos über Sehenswertes am Rande. Und natürlich alle wichtigen Motorradtreffs längs der Touren. Also, nichts wie los – und immer eine Handbreit Asphalt unterm Reifen!

Was ist neu?

Idealformat: das Buch fürs Kartenfach

Mit diesem Buch kann man navigieren! Einfach aufschlagen, um 90° kippen und in das Kartenfach des Tankrucksacks schieben. Die Fadenbindung sorgt dafür, dass das Buch auch nach dem x-ten Aufklappen nicht auseinander fällt.

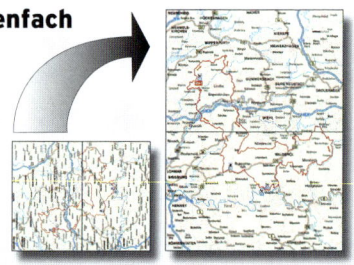

Klare Sache: Roadbook *plus* Karte

Wer die Tourenvorschläge exakt nachfahren möchte, nimmt das Roadbook. Jede Richtungsänderung wird präzise angegeben.

Wer lieber nach Karten fährt, braucht ebenfalls nur dieses Buch: Die Tourenkarten liefern alle Details, die man zur Orientierung braucht. Nach dem Zoom-Prinzip ist immer der optimale Kartenausschnitt gewählt. Die Maßstäbe: 1:190 000 bis 1:500 000.

Specials: Sehenswertes an der Strecke

Nicht nur Fahren macht Spaß. Manchmal gehören auch Anhalten und Gucken dazu. Wo es sich wirklich lohnt, gibt's einen Stern plus Info.

Insider-Tipps: Essen, Trinken, Leute treffen

Alle wichtigen Treffs auf den Touren werden ausführlich vorgestellt. Mit Infos, Adressen und Kurz-Check. Dazu noch weitere Tipps zum Einkehren!

Damit punkten die Treffs:

Lage und Umgebung

Liegt der Treff in landschaftlich reizvoller Umgebung oder mitten im Industriegebiet? Sind schöne Strecken in der Nähe?

Atmosphäre

Wie sieht's am Treff aus? Liegt er im Grünen? Ist die Zufahrt in Ordnung, gibt's Schatten? Herrscht gähnende Leere, drangvolle Enge, oder passen Größe und Besucherzahl gut zueinander?

Ausstattung

Haben die Motorräder ein eigenes Areal? Ist der Parkplatz befestigt, gibt's ausreichende und saubere Toiletten? Sind genügend Sitzmöglichkeiten vorhanden? Abfallbehälter?

Essen & Trinken

Schlangenfraß oder Haute Cuisine? Gibt es eine ordentliche Auswahl, sind die Portionen o.k.? Faire Preise – oder Apotheke? Führt der Service seinen Namen zu Recht?

Motorraddichte

Stehen hier 5 Maschinen oder 100? Gehen Motorradfahrer im Ausflugsverkehr unter, oder spielen sie die Hauptrolle?

Showfaktor

Sehen und gesehen werden! Muss man an diesem Treff halten – oder kann man vorbeifahren? Gibt's Kennerblicke oder Stirnrunzeln? Trifft man hier wirklich interessante Leute?

Hier nimmt man zum Essen Platz. Was die Küche bietet, steht auf der Speisekarte.

Hier gibt's was auf die Hand. Selbstbedienung, Angebot siehe Infotafel.

Alles im grünen Bereich?

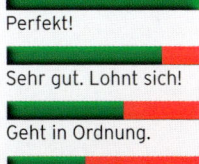

Perfekt!

Sehr gut. Lohnt sich!

Geht in Ordnung.

Man kann's ertragen.

Hier hapert's eindeutig.

Lohnt nicht!

7

Und es gibt sie doch!

Typ:	anspruchsvolle All-Inclusive-Runde ab Itzehoe
Länge:	ca. 320 km
Sightseeing:	reichlich
Kurven:	noch reichlicher
Motorraddichte:	erstaunlich gering
Kombinationen:	Tour 2 (Seite 28)

Gleich die erste Tour in diesem Buch räumt auf mit dem Vorurteil, dass es in Norddeutschland keine Kurven gebe. Es gibt sie doch! Man muss nur wissen, wo. Machen wir uns also auf den Weg. Es gibt manche Menschen, die verabreden sich auf einem Baumarktparkplatz. Und es soll sogar Motorradfahrer geben, die sich vor dem Hagebaumarkt im Norden Itzehoes zu einer gemeinsamen Ausfahrt treffen. Tun wir es ihnen nach und starten unsere nördlichste Tour ebenfalls dort.

Auf dem Weg nach Norden sehen wir zu, möglichst schnell auf feine Nebenstrecken zu kommen. Vor und

Blauer Himmel, leuchtend gelbe Rapsfelder und kleine Asphaltbänder: gute Laune in Schleswig-Holstein!

hinter Melbeck gelingt das schon sehr schön. Wir sind relativ allein auf frischer Flur – Motorradfahrer sind hier eher selten, und so werden wir freudig von manchen Dorfkindern gegrüßt.

Kurven? Auf dieser Tour kann man sich die Reifen rund fahren ...

Über Wacken und Gribbohm pirschen wir uns an den Nord-Ostsee-Kanal heran. Über den fahren wir aber nicht sofort rüber, sondern erst mal an ihm längs. Die Landschaft ist verdammt grün, spart aber mit wirklichen Highlights. Die Straße wird immer schmaler und die Ortschaften bekommen merkwürdige Namen: „Klein Amerika", zum Beispiel.

Bei Fischerhütte geht es dann auf die andere Seite des Wassers. Kleine Straßen führen uns an Tellingstedt vorbei und durch Pahlen hindurch. Auf den letzten Kilometern ist die Straße kurviger geworden. Nichts für Knieschleifer, aber fürs beschwingte Landstraßensurfen reicht es allemal. Marketingleute würden hier wahrscheinlich den Begriff „Powercruising" erfinden.

Je näher wir Bergewöhrden kommen, desto dynamischer werden die Kurven, die auch noch den Vorteil haben, dass man sie hervorragend einsehen kann. Gut, man hätte noch rechts und links jeweils einen

Friedrich- 1 stadt

Wer beim Anblick der Häuser und Grachten an Frikandel und Gouda denkt, liegt gar nicht verkehrt. Schließlich waren es Holländer, die Herzog Friedrich III. 1621 hier ansiedelte. Die niederländischen Remonstranten, zu Hause wegen ihrer Religion drangsaliert, durften hier ungehindert beten, siedeln, handeln und reden. Dafür garantierte der Herzog nicht nur Religionsfreiheit, sondern führte auch Niederländisch als Amtssprache ein. (Forts. nächste Seite)

Meter Asphalt mehr auftragen können – aber wir wollen ja nicht kleinlich sein. Was wir allerdings nicht sehen auf dem Weg nach Friedrichstadt, ist die Eider. Aber sie ist da. Einfach mal anhalten, auf einem der vielen Treppchen über den Zaun steigen und Eider gucken. Ein schönes Bild. Mit Natur von ihrer sehr schönen Seite.

Kurz vor Friedrichstadt machen wir eine interessante Entdeckung: Wenn die Straße dreimal so breit ist, tauchen sofort wieder Geschwindigkeitsbeschränkungen auf. Komisches Deutschland. Machen wir also einen Abstecher nach Holland: Das liegt rechterhand und heißt Friedrichstadt und will partout nicht so aussehen wie andere schleswig-holsteinische Kleinstädte. Also auch hier: Anhalten und gucken!

Weiter nach Nordosten tragen uns mittelgroße Landstraßen mit wenig Verkehr und wenig Tempolimits. Vier Kilometer vor Treia gibt es sogar Kurvenwarnung! Und in der Tat: Durch ein lichtes Wäldchen reihen sich einige Kurven hintereinander. Hinter Treia halten wir weiter Kurs, passieren einige schmucklose Ortschaften, Feld, Wald und Wiesen. Hinter Stenderup erwischen wir eine recht angenehme Kurvenstrecke. Kein Geheimtipp: Andere Motorradfahrer kennen dieses Stück ebenfalls.

Später gleiten wir längs der Treene. Ohne es zu wissen, denn das Flüsschen ist ein Meister der Tarnung. Die Straße windet sich zwar nicht ganz so lustvoll wie die Treene – aber es reicht zum angenehmen Surfen auf freundlichem Asphalt. Nachdem sich die Treene unmerklich von uns verabschiedet hat, halten wir weiter Kurs Dänemark. Unser Ziel als letzter Ort vor der See-Grenze trägt den wunderschönen Na-

Nach den Remonstranten siedelten sich schnell auch andere Religionsgruppen wie Mennoniten, Lutheraner, Jesuiten und Juden in der „Stadt der Toleranz" an.

Kiosk am Hafen

Langballigholz

Kiosk mit einigen Sitzgelegenheiten

Adresse:
Strandweg,
24977 Langballig

Karte: S. 26

Ist der Kiosk am Kai ein heimlicher oder ein „amtlicher" Treff? Wie auch immer: Wir sind schließlich nicht die einzigen Motorradfahrer hier. Ein kleiner Parkplatz nur für Zweiräder. Wer sich das hat einfallen lassen? Nun, die freundlichen Damen vom Hafenkiosk, die das Eckgrundstück kurzerhand pachteten und als Motorradparkplatz umbauten. Bei ihnen kostet der Pott Kaffee einen sensationellen Euro. Und wenn man Glück hat, gibt's noch ein kleines Stück Kuchen umsonst. Sehr komfortabel ist es am Kiosk nicht, und wenn die Sonne brät, wirft nur sehr wenig dünne Schatten rund um den Kiosk. Auch die Sitzgelegenheiten sind nicht üppig, sondern sehr rudimentär. Schräg gegenüber, am Imbiss-Kiosk, hat's deutlich mehr und deutlich komfortablere Möbel. Nur: Aus dieser Richtung wurde der Motorradparkplatz nicht gesponsert. Aber die Fischbrötchen hier sind dennoch recht passabel.

Lage & Umgebung:

Atmosphäre:

Ausstattung:

Essen & Trinken:

Motorraddichte:

Showfaktor:

Gutshaus bei Unewatt.

men Langballigholz und wäre auch auf direktem Weg zu erreichen. Wir entscheiden uns für einen kleinen Umweg über Unewatt, denn dieser Ort hat was. Alles wirkt ein wenig schräg – und Amerikaner würden das Kaff als Filmkulisse sicher sofort kaufen wollen. Wer denkt: „Sieht ja aus wie in einem Museum!", liegt goldrichtig. Unewatt *ist* ein Museum. Wir rollen mitten durch.

Obwohl auch hier ein Biergarten lockt, fahren wir noch wenige Kilometer weiter. Am Hafen von Langballigholz wartet man schließlich schon auf uns. Hier genießen wir einen Kaffee nebst feinem Blick über die Flensburger Förde, bevor wir wieder Kurs Hamburg nehmen. Ab Hadersby schärfen wir unsere Sinne: auf einer schmalen Nebenstraße gibt es jetzt ein überaus schmackhaftes Kurvenmenü. Hier kann man eckige Reifen tatsächlich rund fahren – und hinter Sterup geht es ausgesprochen vergnüglich weiter. Da sage noch mal jemand, in Holstein gebe es keine Kurven!

Unterwegs freuen wir uns über Windmühlen, die noch keinen Strom produzieren, und Ortschaften mit so schönen und eleganten Namen wie Essgrusschauby oder Schrepperie. In Kappeln ist dann die Kurvenseligkeit leider vorbei. Nicht etwa, dass die Strecke ab jetzt hässlich wäre. Keineswegs! Freundlich geht's weiter – nur nicht mehr ganz so krumm. Hoppla: Bevor wir aus Kappeln wieder rausrauschen: Unten an der Schlei klappt eine Brücke. Rechts von ihr gibt's einen Parkplatz mit Imbissbude. Einige Motorradfahrer wissen das.

Norddeutschland von einer seiner vielen schönen Seiten: Alleen wie aus dem Bilderbuch. Da verzeiht man auch mal gerne die ziemliche Geradlinigkeit dieser Landschaftsbauwerke.

Schwebe- ❷ fähre

Es gibt in Rendsburg eine schnellere Möglichkeit, den Nord-Ostsee-Kanal zu überqueren. Aber keine spektakulärere. Zunächst ist da mal eine imposante Eisenbahnbrücke, 1913 gebaut und über 40 Meter hoch. Schließlich mussten damals große Segelschiffe drunter durch. Und heute alles, was auf den Weltmeeren so rumschwimmt. Um auf die Höhe zu kommen, schraubt sich die Bahn über eine vier Kilometer lange Rampe nach oben. Unter der Hochbrücke, die Osterrönfeld mit Rendsburg verbindet, wurde eine Fähre aufgehängt, die den Kanal ohne jeglichen Wasserkontakt in 90 Sekunden überquert. Vorausgesetzt, es ist gerade kein Schiff im Weg. Von morgens fünf bis 23 Uhr schwebt sie viertelstündlich über den Kanal. Vier Autos, einige Motorräder und bis zu 60 Personen passen drauf. Gelliftet wird kostenlos: Da das Gewässer ein künstliches öffentliches Hindernis ist, muss die Kanalverwaltung für den Transport aufkommen.

Auf unserem Weg nach Rendsburg begegnet uns die Schlei aber noch ein paar Male und zeigt sich als wahre Verwandlungskünstlerin. Mal Fluss, mal See, mal irgend etwas dazwischen: Manch schöner Anblick verwöhnt unser Auge. An einer ihrer schmalsten Stellen lässt uns die Schlei mit der Fähre rüber. Auf der anderen Seite müssen wir nicht lange fahren, bis wir wieder mit einem anregenden Mix netter Kurven verwöhnt werden. Hügelig ist es hier, und die Straße muss sich durchschlängeln.

Wir genießen den Kurventanz bis Holzbunge. Dort fädeln wir uns auf die B 203, die uns unspektakulär nach Rendsburg bringt. Hier gibt es noch mal ein kleines Highlight, selbst wenn unsere Motorräder dabei gar nichts machen dürfen. Mit der Schwebefähre werden wir über den Nord-Ostsee-Kanal gehoben.

Über die Einflugschneise B 77 wird die Rückkehr nach Itzehoe eingeleitet. Nur noch einmal brechen wir aus: Hinter der Ortschaft Hungriger Wolf (die heißt wirklich so!) geht es rechts ab in die Büsche. Nach der dumpfen B 77-Bolzerei rollen wir auf einer urigen, kleinen Nebenstrecke aus, bevor wir auf den Baumarktparkplatz biegen.

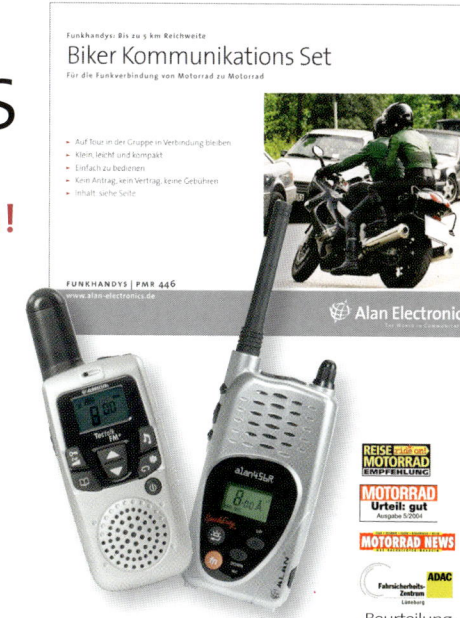

Richtg.	km	Info
●	0,0	Start in *Itzehoe* auf dem Parkplatz des Hagebaumarkts
↑	0,1	im Kreisverkehr die erste Ausfahrt nehmen Richtung *Heide* und *Schenefeld*
↓	3,4	links abbiegen Richtung *Kleve* und *Kaaks*
↑	7,3	rechts abbiegen Richtung *Mehlbek*
↓	11,0	links abbiegen Richtung *Wacken* und *Nienbüttel*
↑	15,1	in Wacken rechts abbiegen Richtung *Hanerau-Hademarschen*
↑	17,2	in Gribbohm rechts abbiegen Richtung *Hanerau-Hademarschen* u. BAB Richtung *Heide*
↙	19,1	in Holstenniendorf halblinks abbiegen Richtung *Schafstedt* und *Hohenhörn*
↑	22,9	in Hohenhörn direkt vor der Fähre rechts abbiegen Richtung *Bornholt*
↙	26,2	in Lütjenbornholt halblinks der Durchgangsstraße folgen
↙	28,7	halblinks halten Richtung *Grünental*
↑	31,0	in Grünental rechts abbiegen Richtung *Itzehoe*
↓	32,0	links abbiegen Richtung *Beldorf*
↓	34,2	hinter Beldorf links abbiegen Richtung *Steenfeld*

Richtg.	km	Info
↓	**36,1**	in Steenfeld links abbiegen Richtung *Osterrade* und *Fischerhütte*
↓	**42,1**	in Osterrade links abbiegen Richtung *Albersdorf* und *Jützbüttel* und sofort
↗	**42,4**	halbrechts abbiegen Richtung *Tellingstedt* und *Wellerhop*
↑	**43,9**	in Süderdorf rechts abbiegen Richtung *Tellingstedt* und *Wellerhop*
↓	**46,7**	links abbiegen Richtung *Heide* und *Tellingstedt*
↑	**48,0**	vor Tellingstedt rechts abbiegen in die Rendsburger Straße (keine Ausschilderung)
↗	**48,3**	an der Vorfahrtstraße halbrechts abbiegen (keinerlei Ausschilderung)
↑	**54,7**	in Pahlen rechts abbiegen Richtung *Erfde*
↓	**55,0**	links abbiegen Richtung *Delve* und *Wallen*
↑	**59,7**	in Delve rechts abbiegen Richtung *Ortsmitte*
↙	**60,0**	halblinks abbiegen Richtung *Bergewöhrden*
↙	**60,3**	halblinks abbiegen Richtung *Bergewöhrden*
↑	**61,3**	rechts abbiegen Richtung *Bergewöhrden*
↑	**66,6**	rechts abbiegen (Ende der Nebenstrecke, keine Ausschilderung, Gegenrichtung: *Hennstedt*)

Richtg.	km	Info
↙	**67,2**	in Horst halblinks halten Richtung *Westermoor*
↑	**75,0**	am Ende der Straße rechts abbiegen auf die Hauptverkehrsstraße (keine Beschilderung)
↑	**77,6**	rechts abbiegen Richtung *Friedrichstadt*
↑	**81,0**	hinter dem Ortsausgang Friedrichstadt rechts abbiegen in die *Witzworter Straße* (keine Ausschilderung)
↑	**82,0**	am Ende der Witzworter Straße rechts abbiegen
↗	**89,5**	in Ramstedt halbrechts halten Richtung *Schwabstedt* und sofort
↓	**89,7**	links abbiegen Richtung *Husum*
↑	**94,3**	rechts abbiegen Richtung *Winnert*
←	**100,3**	in Ostenfeld geradeaus weiterfahren Richtung *Oster-Ohrstedt*
↑	**104,7**	rechts abbiegen Richtung *Treia* und *Bremsburg*
↙	**112,1**	halblinks halten Richtung *Treia*
↑	**114,7**	in Treia rechts abbiegen Richtung *Schleswig*
↓	**115,6**	links abbiegen Richtung *Esperstoft*

Richtg.	km	Info
↓	**121,5**	links abbiegen Richtung *Sollerup*
↑	**121,8**	hinter dem Bahnübergang rechts abbiegen Richtung *Hünning*
↖	**123,6**	halbrechts halten Richtung *Bollingstedt*, unmittelbar danach
←	**123,8**	geradeaus weiterfahren Richtung *Langstedt*
↙	**127,4**	halblinks halten Richtung *Langstedt*
←	**129,9**	in Langstedt geradeaus weiterfahren Richtung *Stenderupau*
↑	**132,8**	rechts abbiegen Richtung *Stenderupau* und *Jalm*
←	**136,2**	in Stenderupau zunächst geradeaus über die Vorfahrtstraße, dann
↖	**136,3**	halbrechts halten Richtung *Flensburg*
↑	**136,7**	rechts abbiegen Richtung *Satrup* und *Stenderup*
↓	**141,2**	an der Stoppstraße links abbiegen Richtung *Flensburg* und *Großsolt*
↑	**146,3**	an der Stoppstraße rechts abbiegen Richtung *Sörup* und *Satrup*
←	**148,4**	im Kreisverkehr die 2. Ausfahrt nehmen Richtung *Sörup*
↓	**151,4**	links abbiegen Richtung *Dammende* (kurz hinter der Abzweigung nach Glücksburg)

Richtg.	km	Info
↓	**152,4**	am Ende der Straße links abbiegen (keinerlei Richtungs- oder Straßenbeschilderung)
←	**156,9**	in Husby geradeaus weiterfahren nach *Glücksburg*
↑	**159,9**	in Süderholz rechts abbiegen Richtung *Ranmark*
↓	**161,9**	links abbiegen Richtung *Ringsberg*
↑	**162,7**	rechts abbiegen in die Vorfahrtstraße (*B 199*, keine Ausschilderung)
↓	**166,3**	links abbiegen Richtung *Unewatt* und *Museum*
↓	**168,0**	am Ende der Straße (Köselberg) links abbiegen (Haffstraße)
↑	**171,5**	rechts abbiegen Richtung *Langballigholz* und *Strand*
↑	**171,6**	sofort wieder rechts abbiegen
●	**171,7**	*Motorradparkplatz*
↓	**171,9**	vom Parkplatz zunächst wieder auf dem selben Weg zurück (links abbiegen Richtung *Streichmühle* und *Westerholz*)
↑	**177,1**	in Streichmühle rechts abbiegen Richtung *Flensburg* und sofort
↓	**177,2**	links abbiegen Richtung *Husby*
↓	**179,1**	links abbiegen Richtung *Husby*

Richtg.	km	Info
↓	**180,8**	in Lutzhöft links abbiegen Richtung *Sörup*
↓	**182,2**	in Hardesby links abbiegen Richtung *Kappeln* und *Sterup*
↓	**188,5**	links abbiegen Richtung *Kappeln* und *Sterup*
↗	**196,3**	im Kreisverkehr die erste Ausfahrt nehmen (keine Ausschilderung)
↑	**206,3**	in Kappeln rechts abbiegen Richtung *Schleswig* und *Eckernförde*
↑	**206,8**	rechts abbiegen Richtung *Schleswig*
↓	**210,6**	links abbiegen Richtung *Lindaunis* und *Faulück*
↑	**213,1**	rechts abbiegen Richtung *Eckernförde* und *Lindaunis*
↓	**218,4**	links abbiegen Richtung *Eckernförde* und *Lindaunis*
↓	**222,9**	links abbiegen Richtung *Missunde* und *Kius*
↓	**226,3**	an der Stoppstraße links abbiegen Richtung *Schleswig* und *Missunde*
↓	**232,8**	in Brodersby links abbiegen Richtung *Missunde*
←	**234,5**	mit der Fähre dann über die *Schlei*
↑	**238,3**	in Kosel rechts abbiegen Richtung *Eckernförde*

Richtg.	km	Info
↑	239,9	rechts abbiegen Richtung *Flensburg* und *Schleswig*
↓	242,5	links abbiegen Richtung *Hütten* und *Hummelfeld*
↗	245,6	in Hummelfeld halbrechts halten Richtung *Ascheffel* und *Hütten*
↑	249,1	rechts abbiegen nach *Ascheffel*
↓	250,1	in Ascheffel an der Vorfahrtstraße links abbiegen (keine Ausschilderung) und sofort
↑	250,2	rechts abbiegen Richtung *Owschlag*
↓	253,8	links abbiegen Richtung *Holzbunge* und *Bistensee*
↑	257,8	rechts abbiegen Richtung *Rendsburg* (*B 203*)
←	264,4	in Büdelsdorf geradeaus über den Kreisverkehr Richtung *Rendsburg*
←	267,5	in Rendsburg zunächst geradeaus halten Richtung *Zentrum*, dann
↙	267,6	halblinks halten weiter Richtung *Zentrum*
←	268,6	geradeaus halten Richtung *Flensburg* und *Eckernförde* (linke Fahrspur)
↓	268,8	an dem markanten Kirchturm links abbiegen Richtung *Flensburg* und *Eckernförde*
↙	268,9	links halten und dann in einem Rechtsbogen unter der Brücke durchfahren

Richtg.	km	Info
←	269,4	zweimal geradeaus halten Richtung *Fähre*
↑	269,7	an der Ampel (Tankstelle) rechts abbiegen in den *Röhlingsweg*
↑	270,4	am Ende des Röhlingsweges rechts abbiegen in die alte *Kieler Landstraße*
↓	270,9	links abbiegen Richtung *Schwebefähre* (Friedrich-Voss-Straße)
↓	271,2	noch einmal links abbiegen (Am Kreishafen)
←	271,7	mit der Fähre über den Kanal, dann die Straße weiter geradeaus fahren bis zum Ende
↑	272,5	rechts abbiegen in die Vorfahrtstraße (keinerlei Ausschilderung)
↑	272,9	rechts abbiegen Richtung *Heide* und *Itzehoe*
←	274,5	geradeaus weiterfahren Richtung *Itzehoe*
←	274,9	im Kreisverkehr die zweite Ausfahrt nehmen Richtung *Itzehoe*
↑	312,7	an der kleinen Kreuzung rechts abbiegen (links Ausschilderung nach *Schlotfeld*)
↑	314,5	an der Weggabelung rechts abbiegen Richtung *Mehlbek* und *Ottenbüttel*
↓	317,6	am Ortsausgang von Ottenbüttel links abbiegen Richtung *Itzehoe*
●	319,2	Ankunft am Ausgangspunkt

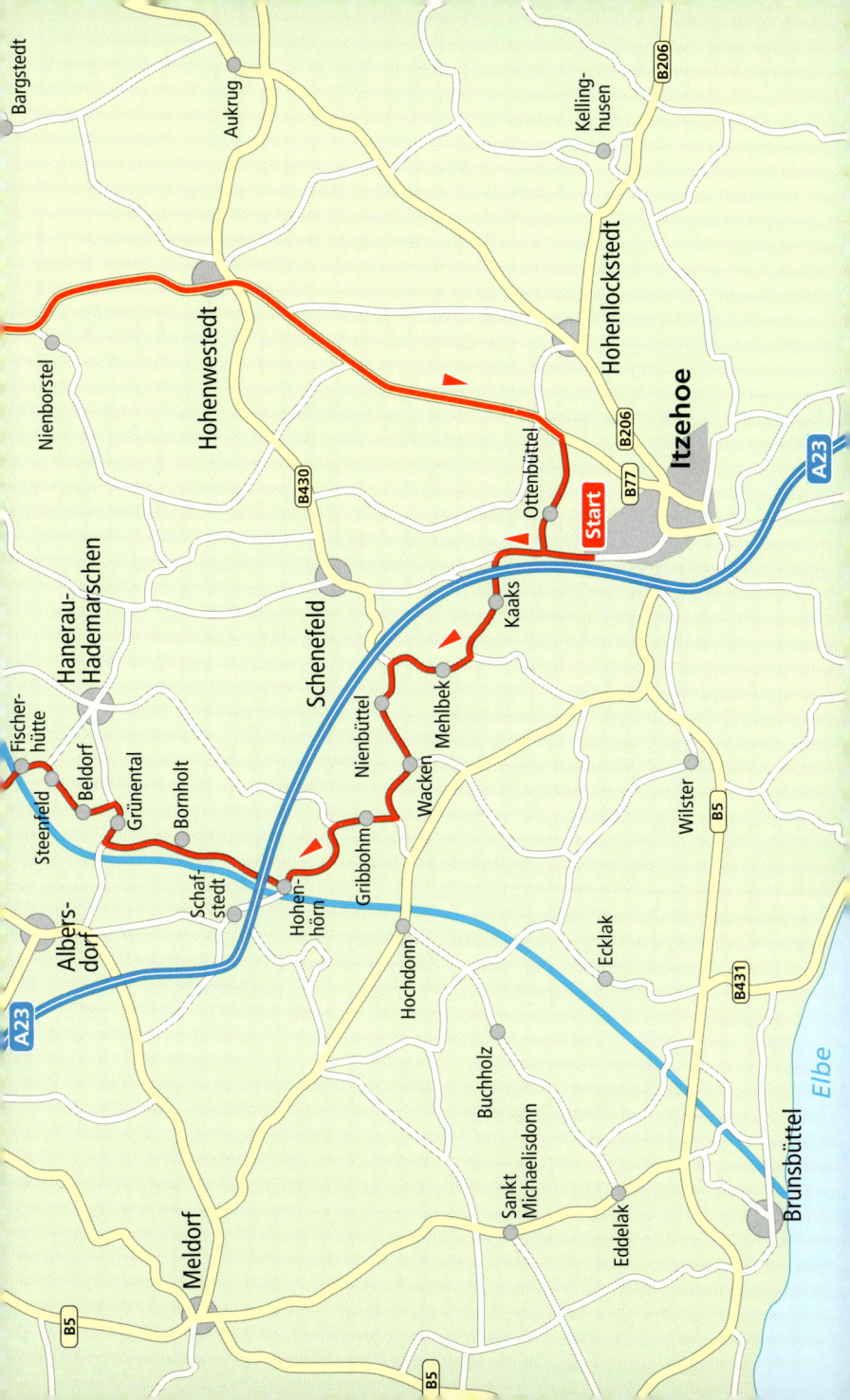

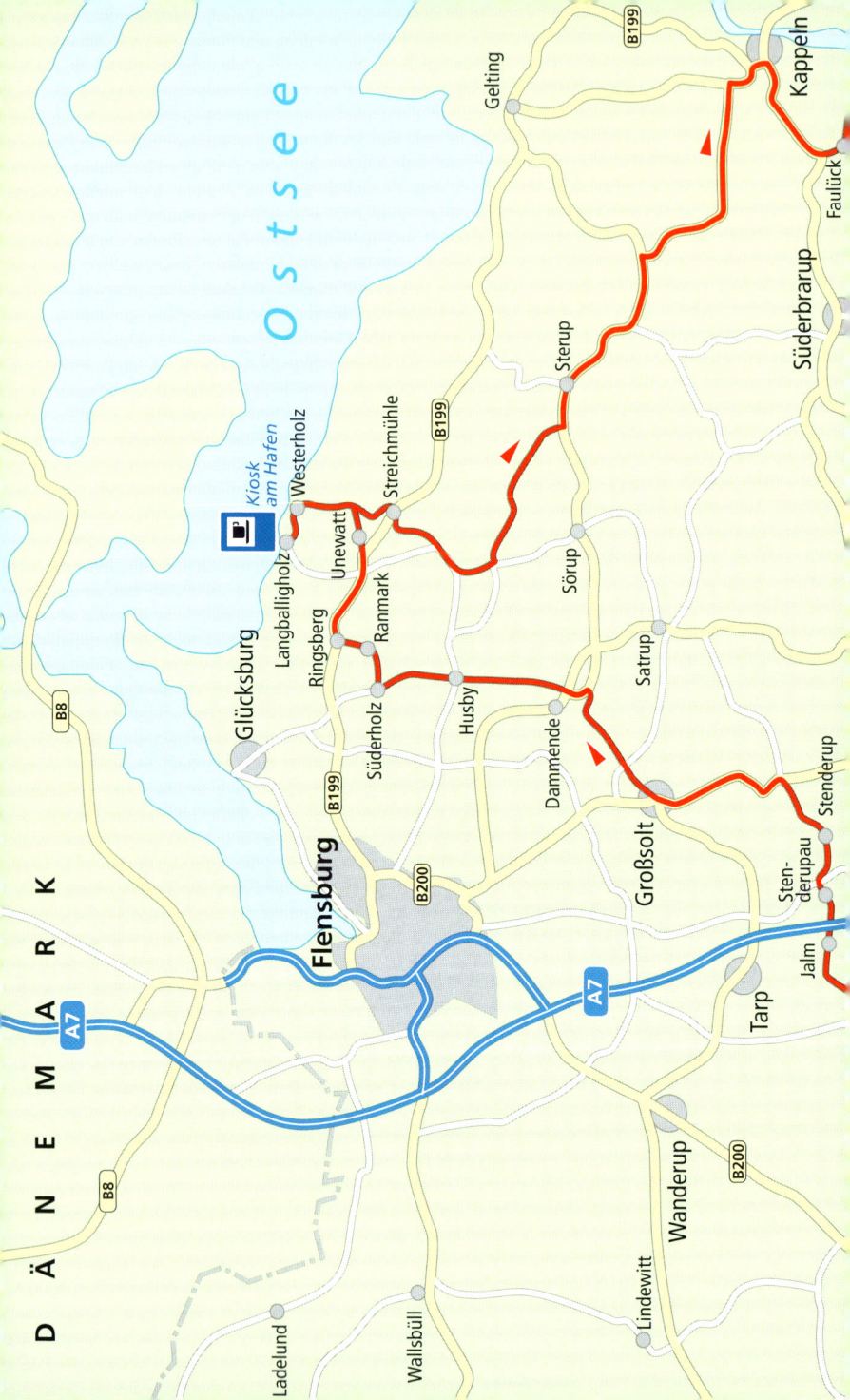

Im großen Bogen um NMS

Typ:	abwechslungsreiche Tagestour
Länge:	ca. 280 km
Sightseeing:	wenig
Kurven:	einige kurvenreiche Abschnitte
Motorraddichte:	gering, nur auf wenigen Abschnitten hoch
Kombinationen:	Tour 1 (Seite 8), Tour 3 (Seite 44), Tour 4 (Seite 60)

Eider-kanal

100 Jahre bevor man über den Nord-Ost-see-Kanal nachdachte, verband man die Kieler Förde mit der Eider. Ein kleines Stück des legendären Eiderkanals samt der historischen Schleusenanlage Kluvensiek ist noch erhalten.

Nichts gegen Neumünster – aber zu Stadtbesichtigungen gibt es passendere Fortbewegungsmöglichkeiten als Motorradfahren. Machen wir also eine große Schleife um NMS. Was entschieden mehr Spaß bringt!

Kein schlechter Treffpunkt ist der Flugplatz Hartenholm. Aus Hamburg kommend, liegt das Gröbste bereits hinter uns – und wer die Anreise über Wilstedt - Wakendorf - Sievershütten - Struvenhütten und Hartenholm gewählt hat, hat die Reifen bereits ausreichend angewärmt. Der Start zur gaaaanz großen Runde um Neumünster (inklusive Schlei und Eckern-

Hanßens Gasthof   Aukrug-Bargfeld

**Gasthof
mit Biergarten**

Adresse:
Zum Glasberg 2,
24613 Aukrug-Barg-
feld, Tel: 04873 - 216
hanssens-gasthof.de

Zeiten: Mo, Di, Do u.
Fr: 14 Uhr bis 1 Uhr;
Sa, So: 11 Uhr bis 1 Uhr

Karte: S. 41

Lage & Umgebung:

Atmosphäre:

Ausstattung:

Essen & Trinken:

Motorraddichte:

Showfaktor:

In Aukrug-Bargfeld gibt es eine S-Kurve – und mittendrin steht Hanßens Gasthof. Man fährt fast über die Terrasse, auf der es sich trotz der nahen Straße aber ganz gemütlich sitzen lässt. Schließlich fahren nicht so viele Autos durch Bargfeld.
Zum Kaffee gibt's ordentlichen Kuchen, und bei größerem Appetit gibt es den einen oder anderen Snack. Wer richtigen Hunger hat, findet auf der Karte die Klassiker der gutbürgerlichen Küche.

förde) sorgt für ein wenig Reifenabkühlung. Auf zunächst schnurgerader Piste kann aber immerhin die Landschaft erfreuen.

Hinter Bimöhlen wird dann die Straße ein wenig abwechslungsreicher. Kurvenmäßig zum Teil im positiven Sinn, belagtechnisch aber eher von ihrer unvorteilhafteren Seite. Wir nehmen's gelassen.

Auf dem Weg nach Oldenhütten fahren wir dann durch eine Postkarten-Allee und in Heinkenborstel über historisches Kopfsteinpflaster. Derweil öffnet sich die Landschaft. Felder und Weiden haben den Wald abgelöst. Östlich kurven wir weiträumig um Rendsburg herum, entdecken manch sympathisches Nebensträßchen und bekommen die doppelte Dosis Natur. Ungefähr ab Bovenau gesellen sich auch noch manch nette Kurven zu dem feinen Ambiente: Das wissen auch andere Motorradfahrer.

Die meisten halten aber nicht am alten Eiderkanal. Das sollte man aber, denn neben einer historischen

Schleuse gibt's auch noch eine spannende Geschichts-
stunde über die Seeschifffahrt quer durchs Schles-
wig-Holsteiner Land. Für ordentliche Dampfer hat
der alte Eiderkanal nie getaugt, die fahren ein paar
Kilometer weiter nördlich durch den Nord-Ostsee-
Kanal. Wir nehmen die Fähre rüber und treffen am
Fähranleger in Sehestedt auf andere Motorradfahrer,
die sich dort einen Open-Air-Kaffee gönnen.

Anschließend hangeln wir uns über einige stärker be-
fahrene Straßen nach Norden, greifen uns zwischen-
durch wieder eine einsame Nebenstraße und hoppeln
über eine Piste nach DDR-Bauart. Der Spuk ist aber
nach einem Kilometer wieder verschwunden. Weiter
geht's durch die Einsamkeit der Nebenstraße. Irgendwann müssen wir uns an den Wegweisern für Radfahrer orientieren. Aber keine Bange: Hier darf man ganz
legal fahren – und kommt auch irgendwo an.

Auf dem Weg nach Rieseby begegnen uns auch wieder erwachsene Straßen. Mit wenig Verkehr und
schönen, schnellen Kurven. Bei Sieseby touchieren
wir die Schlei und wenden uns flugs der Ostsee zu.
Die Landschaft gibt sich viel Mühe, zu gefallen: mit
Hügeln, einem schönen Kurvenwerk und ganz viel

Die Deutsche Alleen-
straße verläuft ganz
woanders. Pah! Denn
wenn es um die grü-
nen Säume schöner
Straßen geht, ist
Schleswig-Holstein
ganz vorne. Auch oh-
ne „amtliches" Tou-
ristensiegel.

Kunst am See: Auf dieser Tour gibt es nicht nur Landschaft, Kurven und Geschichte, sondern auch moderne Kunst am Wegesrand. Diese gibt Rätsel auf ...

Grün. Mittenmang leider ganz viele Seeurlauber und humorlose Tempolimits. Vor Eckernförde werden wir bis auf 60 km/h runtergebremst.

Durch die Hafenstadt kommt man halbwegs flott. Wem aber der Sinn nach Absteigen und Gucken steht, der macht auch nichts falsch. Wieder im Sattel wird die Landschaft immer offener, je weiter wir die Ostsee hinter uns lassen. Die nächsten Nebenstrecken, die wir erkunden, machen zwar Spaß. Hätten aber noch mehr Spaß gemacht, wenn man keine Tempo-Schilder aufgestellt hätte. Bei Landwehr geht's wieder über den Kanal und wir fahren Richtung Westensee. Wem es in Ostseenähe zu wuselig war, der wird hier Einsamkeit finden. Die touristische Infrastruktur hält sich vornehm zurück.

Ab Westensee kann weitestgehend der sechste Gang drin bleiben. Okay, der fünfte tut's auch. Je näher wir dem Postsee kommen, desto welliger wird die Landschaft. Fast schon hügelig, könnte man sagen. Einige freundliche Kurven schlängeln sich hindurch – und wir genießen die deutlich bessere Alternative zur B 404. Auf ihr müssen wir allerdings auch drei langweilige Kilometer fahren, bis wir uns links in die Büsche schlagen, Richtung Großer Plöner See.

Hier nehmen wir einen großen Blick Natur und machen dann schnell ein paar Meilen auf der B 430 Richtung Neumünster. Aber wie haben wir anfangs versprochen? „Wir machen einen ganz großen Bogen um Neumünster." Also schlagen wir einen Haken und sind bald wieder zu Hause in der Einsamkeit der Nebenstraße. In der aber auch manche Fahrradfahrer unterwegs sind. Zum Abschluss genießen wir noch einmal eine schöne Strecke durch den Wald, bis wir am Flughafen Hartenholm wieder rauskommen.

 **Fähranleger**

Sehestedt

 Imbissbetrieb mit kleinem Biergarten

Adresse:
Fährstraße,
24814 Sehestedt

Zeiten:
März bis Oktober,
Fr, Sa, So und feiertags: 9-22 Uhr

Karte: S. 43

Hier gibt es die Wurst mit Extra-Panoramablick. Wie an vielen Fährstationen lockt auch in Sehestedt ein Imbissbetrieb nahe der Anlegestelle Motorradfahrer zur gemeinsamen Rast. An schönen Wochenenden kommen hier einige Dutzend Motorräder zusammen, die in der Parkschleife stehen, während Herrchen oder Frauchen sich einen Kaffee oder einen Snack mit schönem Elbe-Blick gönnen.

Lage & Umgebung:

Atmosphäre:

Ausstattung:

Essen & Trinken:

Motorraddichte:

Showfaktor:

Richtg.	km	Info
↓	0,0	Start am Flugplatz Hartenholm nach Osten Richtung *Bad Segeberg*
↓	0,8	links abbiegen Richtung *Hof-Weide*
↗	9,5	in Bimöhlen an der Vorfahrtstraße halbrechts abbiegen (keine Ausschilderung)
↑	10,1	hinter dem Ortsausgang Bimöhlen rechts abbiegen Richtung *Neumünster*
↓	14,1	in Großenaspe links abbiegen Richtung *Brokenlande*
↓	14,6	der abknickenden Vorfahrt links folgen Richtung *Brokenlande*
←	18,4	an der Vorfahrtstraße weiter geradeaus fahren Richtung *Brokstedt*
↑	25,9	hinter Hasenkrug an der Stoppstraße rechts abbiegen Richtung *Hohenweststedt*
↗	30,1	in Willenscharen halbrechts abbiegen Richtung *Hohenweststedt* und *Aukrug*
↑	35,7	rechts abbiegen Richtung *Golfplatz* und *Landgasthof Hanßen*
↗	36,4	in Aukrug-Bargfeld halbrechts halten (keine Ausschilderung, keine Straßenschilder)
●	36,5	*Hanßens Gasthof*
↓	36,5	hinter Hanßens Gasthof links abbiegen in die *Dorfstraße*

Richtg.	km	Info
←	37,0	geradeaus über die Stoppstraße Richtung *Aukrug-Innien*
↑	38,6	in Aukrug-Innien an der Stoppstraße rechts abbiegen Richtung *Nortorf*
↓	39,2	links abbiegen Richtung *Oldenhütten*
↓	48,3	links abbiegen Richtung *Rendsburg*
↖	49,9	halbrechts abbiegen Richtung *Jevenstedt*
↑	51,8	rechts abbiegen Richtung *Brammer*
←	54,8	in Brammer gedacht geradeaus die Richtung halten Richtung *Neumünster* und *Rendsburg* (tatsächlich ein wenig Zickzack fahren)
←	55,6	geradeaus weiter Richtung *Bokelholm*
↓	61,7	hinter dem Bahnübergang links abbiegen Richtung *Osterrönfeld*
↑	61,8	an der Vorfahrtstraße rechts abbiegen Richtung *Kiel* und *Emkendorf*
↘	65,3	vor Emkendorf in einer Rechtskurve scharf links abbiegen Richtung *Schülldorf* u. *Haßmoor*
↓	69,0	in Haßmoor links abbiegen Richtung *Schülldorf* und *Höbek*
↑	73,2	am Ortseingang Ostenfeld rechts in die Vorfahrtstraße biegen

Richtg.	km	Info
↓	**76,8**	in Bovenau links abbiegen Richtung *Sehestedt* und *Kluvensiek*
←	**81,2**	mit der Fähre den Nord-Ostsee-Kanal überqueren
●	**81,2**	Motorradtreffpunkt *Fähranleger Sehestedt*
↓	**81,6**	in Sehestedt links abbiegen Richtung *Rendsburg* und *Borgstedt*
↓	**81,9**	links abbiegen Richtung *Rendsburg* und *Borgstedt*
↑	**88,0**	rechts abbiegen Richtung *Bünsdorf*
↑	**93,0**	rechts abbiegen auf die *B 203* Richtung *Eckernförde*
↑	**98,2**	rechts abbiegen Richtung *Haby* und *Damendorf*
↑	**98,4**	am Ende der Rampe rechts abbiegen Richtung *Damendorf*
↑	**101,7**	in Damendorf rechts abbiegen Richtung *Eckernförde* und *Owschlag*
↑	**102,7**	rechts abbiegen Richtung *Eckernförde*
↓	**104,2**	links abbiegen Richtung *Hummelfeld*
↑	**107,0**	in Hummelfeld rechts abbiegen Richtung *Fleckeby*

Richtg.	km	Info
↗	109,3	in Götheby halbrechts abbiegen Richtung *Eckernförde* und *Schleswig* und sofort
↑	109,4	rechts abbiegen in den *Möhlhorster Weg*
↓	111,2	an einer Weggabelung links abbiegen Richtung *Missunde* und *Kosel* (Fahrradwegweiser)
←	112,5	an der Vorfahrtstraße geradeaus weiterfahren (keinerlei Ausschilderung)
↑	131,2	am Ortseingang Thumby rechts abbiegen Richtung *Eckernförde* und *Damp*
↑	134,8	rechts abbiegen Richtung *Waabs* und *Vogelsang-Grünholz*
↓	135,1	links abbiegen Richtung *Waabs*
↓	153,4	in Eckernförde am Ende des Hafens links abbiegen in die Vorfahrtstraße (Gaethjestraße)
↓	154,7	links abbiegen auf die *B 76* Richtung *Lübeck* und *Kiel*
↑	157,3	rechts abbiegen Richtung *Holtsee* und *Altenhof*
↓	161,2	links abbiegen Richtung *Gettorf*
↑	166,9	in Gettorf rechts in die Vorfahrtstraße biegen (keinerlei Ausschilderung)
←	167,4	an der Ampelkreuzung weiter geradeaus fahren Richtung *Tüttendorf*

Richtg.	km	Info
⬆	**169,7**	rechts abbiegen Richtung *Landwehr* und *Schinkel*
⬆	**174,2**	rechts abbiegen Richtung *Groß Königsförde* und *Landwehr*
⬇	**175,4**	links abbiegen Richtung *Kiel*
⬅	**175,8**	mit der Fähre über den Nord-Ostsee-Kanal
⬈	**176,1**	in Landwehr halbrechts abbiegen Richtung *Achterwehr* und *Quambeck*
⬈	**176,6**	an der Vorfahrtstraße halbrechts halten Richtung *Achterwehr* und *Quambeck*
⬆	**180,3**	in Achterwehr rechts abbiegen Richtung *Rendsburg*
⬇	**180,9**	in Klein Nordsee links abbiegen Richtung *Nortorf*
⬇	**189,4**	links abbiegen Richtung *Kiel*
⬆	**199,4**	rechts abbiegen Richtung *Rotenhahn*
⬇	**201,0**	links abbiegen Richtung *Kiel* und *Flintbek*
⬇	**201,3**	erneut links abbiegen Richtung *Kiel* und *Flintbek*
⬆	**201,8**	rechts abbiegen Richtung *Flintbek*

Richtg.	km	Info
↰	**203,6**	halblinks abbiegen Richtung *Kleinflintbek* und *Schönhorst*
↑	**204,2**	rechts abbiegen Richtung *Preetz*
↑	**215,0**	rechts abbiegen Richtung *Nettelsee* und *Postfeld*
↓	**221,5**	in Nettelsee links abbiegen Richtung *Bad Segeberg*
↓	**223,9**	links abbiegen Richtung *Plön* und *Ascheberg*
↑	**233,7**	an der Stoppstraße rechts abbiegen auf die *B 430* Richtung *Neumünster* u. *Bornhöved*
↓	**257,7**	links abbiegen Richtung *Groß Kummerfeld*
↑	**259,8**	in Großkummerfeld rechts abbiegen Richtung *Kleinkummerfeld*
↓	**261,8**	in Kleinkummerfeld links abbiegen Richtung *Rickling* und sofort
↑	**262,0**	rechts abbiegen Richtung *Heidmühlen* und *Boostedt*
↑	**270,0**	in Heidmühlen rechts abbiegen Richtung *Hartenholm*
↑	**275,9**	rechts abbiegen auf die *B 206* Richtung *Itzehoe*
●	**279,7**	Ankunft am Ausgangspunkt *Flugplatz Hartenholm*

Ostsee

Dänischenhagen

B503

Kappeln

B203

Damp

B199

Waabs

B203

Eckernförde

B76

Thumby
Vogelsang-
Grünholz

Sieseby

Altenhof

Süderbrarup

B201

Rieseby

Schlei

Osterby

Kosel

Missunde

Hummelfeld

Fleckeby

Schlei

B201

B76

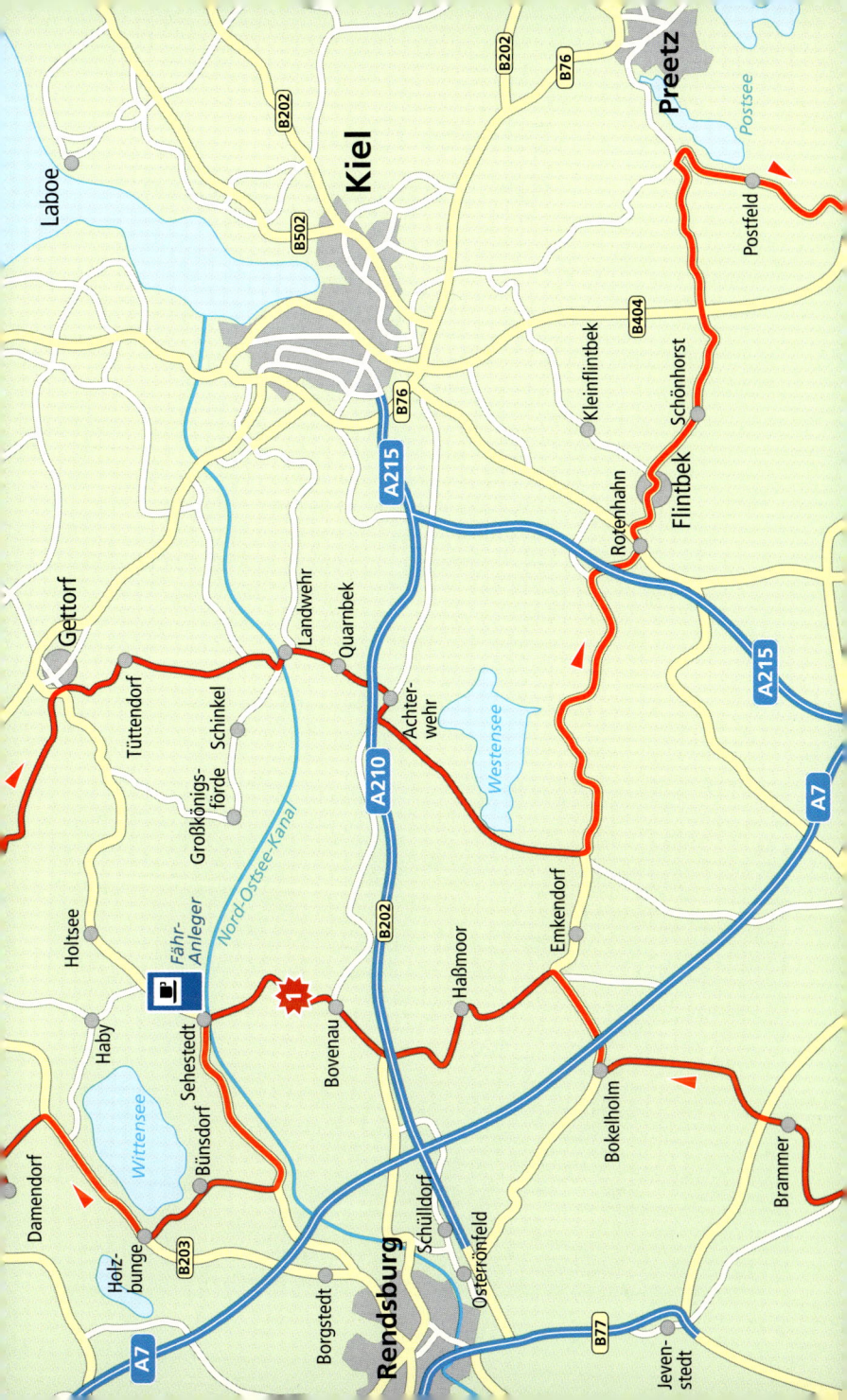

Durchs Land
der komischen Namen

Typ:	Erlebnisrunde mit einigen kurvigen Abschnitten
Länge:	ca. 264 km ab Bad Oldesloe
Sightseeing:	U-Boot, Schloss und Straßenbahnen
Kurven:	ausreichend
Motorraddichte:	einige wenige stärker frequentierte Schwerpunkte
Kombinationen:	Tour 2 (Seite 28), Tour 4 (Seite 60)

Gut, Bad Oldesloe liegt nicht so gaaanz zentral. Aber von Hamburg in einer halben Autobahnstunde gut erreichbar. Und wer zu dieser Tour über Kayhude, Bargfeld-Stegen und Sülfeld anreist, stimmt sich bereits anständig ein. Trafen wir uns zur ersten Tour nicht an einem Baumarkt? Genau. Warum also nicht wieder ein Treff auf einem Handwerkerparkplatz. Diesmal gehört er Max Bahr.

Bad Oldesloe will bezwungen sein, und dann geht es mit immer freierem Blick hinaus ins Grüne. Das

Rasthuus an't Krüz

Rastorf

rustikales Rasthaus mit kleiner Terrasse

Adresse:
Rastorfer Kreuz,
24211 Rastorf
Tel: 04307 - 8034
rasthuus-ant-kruez.de

Zeiten:
Mo bis Fr: 7-19 Uhr;
So: 9-17 Uhr

Karte: S. 58

Diesen Luxus leistet sich wahrscheinlich kein anderer Motorradtreff in Deutschland: Ruhetag machen, wenn Himmel und Menschen auf zwei Rädern unterwegs sind. Also herrscht samstags an dem beliebten Treff unweit der Kieler Förde ziemlich tote Hose. Was sich aber am Sonntagmorgen, vor allem bei schönem Wetter, dramatisch ändert. Dann schlägt hier so ziemlich alles auf, was zwei Räder und einen Motor hat. Die Lage ist ideal: Nach Norden raus ist man flugs an der See – und wer Kurs Südost hält, taucht schnell in die Holsteinische Schweiz ein. Baut man das Rastorfer Kreuz in seinen sonntäglichen Tourplan ein, sollte man zu Hause nicht allzu reichlich frühstücken, denn die Bratkartoffeln in vielen Variationen sind ein Klassiker. Und liegen auch bei den folgenden Motorradabenteuern nicht allzu schwer im Magen.
Auch wochentags trifft man sich hier gelegentlich auf einen Kaffee. Dann allerdings vereinzelt und nicht im Rudel. Nur samstags – aber das hatten wir ja schon ...

Lage & Umgebung:

Atmosphäre:

Ausstattung:

Essen & Trinken:

Motorraddichte: *)

Showfaktor: *)

*) = nur sonntags

45

Wenn's denn mal ein wenig flotter sein soll: Kein Problem – diese Tour bietet viele Gelegenheiten zum herzhaften Fahrvergnügen. Kurven inklusive.

ist ansprechend hügelig mit charmanter Note. Zwischen Reinfeld und Bühnsdorf fahren wir durch eine unglaublich lang gezogene Linkskurve. Gemessene 5,2 km. Gefühlte Unendlichkeit. Kurz bevor wir dann endgültig glauben, das Leben sei eine einzige Linkskurve, bringt uns ein forsches Rechtsabbiegen wieder in die Wirklichkeit.

Dem zügigen Ritt sind auf den kommenden Kilometern wenig Grenzen gesetzt. Die Dörflein halten nur unwesentlich auf, bergen aber auch nichts wirklich Sehenswertes. Erst in Pronstorf merken wir auf: Diese Häuser sehen anders aus als die in den übrigen Dörfern. Älter. Großzügiger. Na gut, seit mehr als 800 Jahren existiert Pronstorf. Wer so alt ist, darf es sich leisten.

Wer jetzt schon ein Warm- oder Kaltgetränk braucht, findet Auswahl an der Strecke. In Gnissau wird's ganz besonders originell: Am Oldenburgischen Hof findet man nämlich das Café Witzig. Drinnen geht es aber weniger ulkig zu. Wenige Kilometer weiter ist Berlin erreicht. Hoppla: Die Gründerväter dieses Kaffs müssen ebenfalls Spaßvögel gewesen sein. Genauso wie die Namensgeber der übernächsten Ortschaft: „Weitewelt" heißt die nämlich.

Zurück zum Ernst des Lebens, zurück zum Motorradfahren durchs Land der komischen Namen. Ging es zuvor durch Wald und Wiesen, gibt es jetzt Hügel und vor allem Seen. Kein Wunder, denn rund um Plön ist die Gegend ziemlich nass. So schön die Umgebung ist, so sehr rauben uns einige Sonntagsfahrer den Nerv. Vor allem, wenn das Überholen verboten ist.

Wer sich in Plön nicht lange aufhalten will, ist trotz des dichten Verkehrs relativ flott durch. Hinter Lebrade durchqueren wir einen See und nehmen Kurs auf das Rastorfer Kreuz. Am dortigen Motorradtreff braucht man samstags nicht anzuhalten (Ruhetag!), sonntags kommt man an einem Boxenstop eigentlich gar nicht vorbei. Vor allem vormittags. Die letzten Kilometer zum Kreuz sind langweilig, auch die Natur beschränkt sich auf reine Landwirtschaft. Der kleine Rapsteufel lauert überall.

In Laboe wird mal kurz die Kieler Förde kontaktet, danach geht es längs der Ostseeküste Richtung Südost. Dabei streifen wir beinahe Kalifornien. Wieder aus der Abteilung „schräge Ortsnamen". Nahebei gibt es einen Zwangsstopp für alle Freunde historischer Schienenfahrzeuge.

Laboe

Zwei unübersehbare Monumente locken tausende Besucher nach Laboe: eine Blechbüchse namens U-995 und ein 85 Meter hoher Turm sollen an Schrecken und Elend der beiden Weltkriege erinnern. Gestiftet wurden beide Monumente vom Deutschen Marinebund, dessen Mitglieder seinerzeit auch nicht ganz unschuldig an eben jenem Schrecken und Elend waren. Wie auch immer: Der weithin sichtbare Turm bietet einen herrlichen Panoramablick. Und auch die U-995 findet ihr Publikum. Wer eher zivilen länglichen Metallbehältern etwas abgewinnen kann, fährt ca. 15 km weiter. In Schönberger Strand gibt es ein sehenswertes Eisenbahnmuseum.

Schloss Blomeburg

Ein weißes Schloss schimmert durch die Kirschblüte: Disneyland mitten in Schleswig-Holstein? Sieht fast so aus – ist es aber nicht. Das nicht zu übersehende Lustschloss aus dem vorletzten Jahrhundert wirkt zwar wie der Teil eines „Adventureparks". Tatsächlich ist es aber heute der Mittelpunkt eines „Ventureparks". Was soviel bedeutet wie Technologiezentrum. Also: Nicht anfassen, nur gucken!

Noch bevor die Straßen wirkliche Langeweile aufkommen lassen, biegen wir bei Gadendorf links ab und turnen wieder auf einer kleinen, kurvigen Nebenstraße. Offenbar turnen einige zu heftig, denn die Anwohner haben Starenkasten-Attrappen und Puppen aufgestellt, die sich ein Fernglas vor die Augen halten. Ihre Dörfer haben aber ganz normale Namen. Bis Kükelühn.

Die Straßen, die wir jetzt befahren, beruhigen sich bedauerlicherweise etwas. Flott zwar, aber gerade. Hinter Kirchnüchel (dann doch lieber Kalifornien ...) kommt wieder Spannung in die Sache. Wald, Wiesen und Felder in lockerem Wechsel. Dazwischen manch schöne Kurve und es geht ordentlich rauf und runter. Der Kellersee zeigt sich von seiner stimmungsvollen Seite, der Wald hat sich ordentlich aufgebrezelt - nur die Rehe laufen kreuz und quer.

In Malente suchen wir besagten Geist, jenen „Spirit of 1974", der die Deutsche Fußballnationalmannschaft zum Weltmeistertitel beflügelte. Wir können ihn nicht

entdecken. Wir verstehen aber Günther Netzer besser, der mit seinen Kumpanen nachts aus der Sportschule ausgebüxt war, um sich ordentlich einen hinter die Binde zu kippen. Besoffen ist Malente wahrscheinlich ganz gut zu ertragen ...

Hinter Malente gibt es zwar Tempolimits, die Strecke macht aber bei halbwegs gesetzeskonformer Fahrweise dennoch Spaß. Teilweise jedenfalls, denn die Spaßabschnitte werden leider immer mal wieder von einigen schlechteren Wegstrecken unterbrochen. Schade.

Hinter Ahrensbök kommen dann Kurven mit Ansage. Der Blick ist wieder offener geworden. Felder, Weiden, dazwischen ein paar Häuschen und ein paar Bäumchen. So baut man Modelleisenbahnanlagen, wenn man nicht sehr viel Geld investiert. Das Ambiente könnte man als übersichtlich bezeichnen, aber es ist beileibe nicht unsympathisch. Und auch hier wieder: Ortsnamen, die Ihresgleichen suchen. Fleischgaffel, zum Beispiel.

In Reinfeld lernen wir dann noch den schlechtesten Straßenbelag dieser Tour kennen, bevor wir (wieder auf besserem Asphalt) zügig, aber ohne Hast, Bad Oldesloe erreichen.

Big Neighbour ist watching you! Die Bewohner von Kembs/Gadendorf stellen auch selbstgebastelte Starenkästen in ihre Vorgärten, um allzu schnelle Durchreisende zu erschrecken.

Richtg.	km	Info
●	**0,0**	Start in Bad Oldesloe, Kreisverkehr *B 208* am Baumarkt „Max Bahr" und dem Suzuki-Dealer „Boehmer" (Autobahnabfahrt A 1, Richtung Bad Oldesloe)
←	**0,0**	geradeaus über den Kreisverkehr Richtung *Bad Oldesloe*
↑	**2,8**	rechts abbiegen Richtung *Kiel* und *Hamburg* (auf der *B 208* bleiben)
↑	**3,3**	rechts abbiegen auf die *B 75* Richtung *Lübeck* und *Reinfeld*
↓	**9,8**	links abbiegen Richtung *Reinfeld*
↓	**11,1**	links abbiegen Richtung *Bad Segeberg*
↑	**21,2**	in Bühnsdorf rechts abbiegen Richtung *Neuengörs*
↙/↗	**22,5**	in Neuengörs an der Stoppstraße zunächst links abbiegen und sofort danach wieder rechts abbiegen Richtung *Söhren*
↓	**26,2**	in Söhren links abbiegen Richtung *Bad Segeberg*
↑	**27,3**	rechts abbiegen Richtung *Lübeck* und *Geschendorf*
←	**30,8**	geradeaus weiterfahren Richtung *Gnissau*

Richtg.	km	Info
↓	**32,9**	in Goldenbek links abbiegen Richtung *Gnissau*
↓	**35,2**	links abbiegen Richtung *Gnissau*
↑	**40,5**	an der Vorfahrtstraße rechts abbiegen auf die *B 432* Richtung *Scharbeutz* und *Ahrensbök*
↓	**41,1**	links abbiegen Richtung *Bornhöved*
↑	**47,2**	rechts abbiegen Richtung *Bosau* und *Kembs*
↓	**53,1**	in Stadtbek an der Stoppstraße links abbiegen Richtung *Bornhöved* und *Dersau*
↖	**55,4**	am „Dorbskrog zum grünen Kranze" halbrechts abbiegen, keine Ausschilderung
↑	**60,2**	an der Vorfahrtstraße rechts abbiegen Richtung *Plön* und *Dersau*
↑	**63,3**	rechts abbiegen auf die *B 430* Richtung *Puttgarden* und *Plön*
↑	**72,2**	rechts abbiegen auf die *B 76* Richtung *Lübeck* und *Eutin*
↓	**73,1**	links abbiegen auf die *B 430* Richtung *Puttgarden* und *Lütjenburg*
↓	**75,8**	links abbiegen Richtung *Selent*

Richtg.	km	Info
↓	**90,0**	in Selent links abbiegen auf die *B 202* Richtung *Kiel* und *Rastorf*
↑	**98,9**	rechts abbiegen Richtung *Laboe* und *Schönberg*
↑		**99,2** *Abstecher zum Rastorfer Kreuz:* am Ende der Abfahrt rechts abbiegen
●		**99,5** *Motorradtreffpunkt Rastorfer Kreuz*
↓	**99,2**	am Ende der Abfahrt links abbiegen Richtung *Laboe* und *Schönberg* und kurz darauf
↓	**99,4**	links abbiegen Richtung *Laboe* und *Brodersdorf*
↓	**110,0**	in Probsteierhagen links abbiegen Richtung *Kiel* und *Laboe*
↑	**110,6**	rechts abbiegen Richtung *Laboe* und *Brodersdorf*
←	**114,4**	im Kreisverkehr die 2. Ausfahrt nehmen Richtung *Stein* und *Laboe*
↑	**121,2**	hinter dem Ortsausgang von Stein rechts abbiegen Richtung *Schönberg*
↓	**123,5**	links abbiegen auf die *B 502* Richtung *Schönberg*
←	**128,6**	im Kreisverkehr die 2. Ausfahrt nehmen Richtung *Lütjenburg* und *Schönberg*

Richtg.	km	Info
↓	**130,1**	im Kreisverkehr die 3. Ausfahrt nehmen Richtung *Schönberger Strand*
↓	**134,5**	links abbiegen Richtung *Lütjenburg* und *Hohenfelde*
↓	**145,8**	links abbiegen Richtung *Behrensdorf*
↑	**147,1**	rechts abbiegen Richtung *Behrensdorf*
↓	**148,5**	links abbiegen Richtung *Lütjenburg*
↑	**150,5**	rechts abbiegen Richtung *Lütjenburg*
↓	**151,4**	links abbiegen Richtung *Hohwacht*
↑	**156,5**	in Hohwacht rechts abbiegen Richtung *Lütjenburg* und *Haßberg*
↓	**157,2**	links abbiegen Richtung *Oldenburg* und *Kaköhl*
↑	**162,2**	in Kaköhl rechts abbiegen Richtung *Kiel* und *Lütjenburg*
↓	**162,9**	links abbiegen Richtung *Neustadt* und *Nessendorf*
↑	**169,3**	in Hansühn rechts abbiegen Richtung *Neustadt* und *Schönwalde*
↑	**177,4**	in Schönwalde rechts abbiegen Richtung *Kiel* und *Lütjenburg*

Richtg.	km	Info
↓	**183,1**	hinter Kirchnüchel links abbiegen Richtung *Eutin* und *Malente*
↓	**187,9**	in Sielbeck links abbiegen Richtung *Eutin*
↑	**192,1**	am Ortseingang von Eutin rechts abbiegen Richtung *Malente*
↓	**195,6**	links abbiegen Richtung *Kiel* und *Plön*
↙	**196,8**	halblinks abbiegen Richtung *Kiel* und *Plön*
↓	**202,6**	links abbiegen auf die *B 76* Richtung *Lübeck* und *Eutin*
↑	**202,9**	rechts abbiegen Richtung *Bosau* und *Pfingstberg*
↖	**203,4**	halbrechts abbiegen Richtung *Bosau* und dann
↑	**203,8**	rechts abbiegen Richtung *Bosau* und *Augstfelde*
↙	**209,1**	in Bosau halblinks halten Richtung *Eutin* und *Hutzfeld*
↙	**212,6**	halblinks weiterfahren Richtung *Eutin*
↑	**213,8**	rechts abbiegen Richtung *Ahrensbök* und *Hassendorf*
↑	**217,0**	in Hassendorf rechts abbiegen Richtung *Ahrensbök*

Richtg.	km	Info
↑	**220,3**	in Sarau der abknickenden Vorfahrt rechts folgen Richtung *Ahrensbök*
↑	**224,9**	an der Vorfahrtstraße rechts abbiegen Richtung *Lübeck*
←	**226,1**	in Ahrensbök über die Vorfahrtstraße weiter geradeaus fahren Richtung *Lübeck*
↑	**228,8**	rechts abbiegen Richtung *Langniendorf* und *Lebatz*
↑	**234,7**	rechts abbiegen Richtung *Langniendorf* und *Wulfsfelde*
↓	**240,2**	in Langniendorf links abbiegen Richtung *Lübeck* und *Reinfeld*
↑	**240,5**	rechts abbiegen Richtung *Reinfeld* und *Zarpen*
←	**252,2**	in Reinfeld der Ausschilderung *Hamburg* und *Bad Oldesloe* folgen
↑	**253,5**	rechts abbiegen auf die *B 75* Richtung *Hamburg* und *Bad Oldesloe*
↑	**260,0**	in Bad Oldesloe rechts abbiegen auf die *B 208* Richtung *A 1*
↑	**260,5**	rechts abbiegen auf die *B 208* Richtung *A 1*
●	**263,3**	Ankunft am Ausgangspunkt

O s t s e e

B202

Hohwacht
Haßberg
Kaköhl

Behrensdorf

Lütjen-
burg

B430

Hohenfelde

Selenter See

Selent

B202

Schönberger
Strand

Schönberg

Passader
See

Dobers-
dorfer
See

B502

Brodersdorf

Rasthuus
an't Krüz

Rastorf

Stein

Laboe

B76

Narren und Wildschweine

Typ:	kompakte Runde ab Hamburg
Länge:	ca. 200 km
Sightseeing:	wenig
Kurven:	einige dynamische Abschnitte
Motorraddichte:	äußerst gering
Kombinationen:	Tour 2 (S. 28), Tour 3 (S. 44), Tour 5 (S. 72), Tour 6 (S. 88)

Euro-shell

Eigentlich unterscheidet sich diese Tankstelle nicht wesentlich von ihren Konzernschwestern. Lediglich der Kiosk auf dem Gelände sorgt für etwas Gemütlichkeit. Gelegentlich treffen sich hier Motorradfahrer. Manche starten auch von hier zu einer Tour.
Hammer Deich 1, 20537 Hamburg

Man kann im Café an der Euroshell-Tankstelle einen Kaffee trinken – man muss es aber nicht. Man kann sich an der Euroshell-Tankstelle zu einer gemeinsamen Ausfahrt treffen – und man sollte es unbedingt tun! Viele starten von hier zunächst mal zum Fähranleger Zollenspieker. Zwei Wege bieten sich an: längs der Elbe oder längs der Dove-Elbe.

Entscheiden wir uns heute mal für die kleine Schwester und tuckern über die Dörfer. Tuckern ist schon richtig, denn sehr flott ist man hier nicht unterwegs. Dafür gibt's vom erhabenen Straßendeich immer wieder nette Ausblicke hinunter auf Fluss und Häuschen. Und wenn die Kurven noch so sehr locken: Dies ist bewohntes Gebiet. Wahrscheinlich das längste Dorf der Welt. Und der Straßenbelag ist auch nicht der beste.

Am Zollenspieker ist dann die richtige Elbe erreicht. Nach einem kurzen Stopp geht es mit der Fähre rüber. Die Elbuferstraße hebt uns auf den Deich, und wir genießen manch nette Aussicht. Die Straßenqualität hat mittlerweile deutlich zugelegt und es gibt leichte Arbeit für den Schräglagensensor. Aber nach wenigen Kilometern merken wir: Auch hier will man ins Guinness-Buch, wäre doch gelacht, wenn wir unser Dorf nicht noch länger bauen könnten.

Kurz vor Lauenburg wird's schäbig: Die B 209 ist weder Schmuckstück noch Spaßpiste. Aber hinter der Stadt hellen sich unsere Mienen auf. Zügig gleiten wir durchs Grüne und erfreuen uns an der sympathischen Landschaft. Bis Gudow passiert straßentechnisch nichts Nennenswertes – manche Schilder

Mölln

Über'n See besehen, ist Mölln ein schmuckes Städtchen. Auch drinnen macht es einen guten Eindruck, schließlich gilt es einen Ruf als Kurort und Ausflugsziel zu verteidigen.

Den meisten Menschen von Außerhalb ist Mölln aber nicht wegen seiner St. Nicolai-Kirche oder wegen seines schmucken Rathauses bekannt, sondern wegen seines berühmtesten Toten. Der Sage nach steht nämlich Till Eulenspiegel hier begraben. Steht? Doch, doch: Auch sein Sarg machte Scherze und kippte bei der Beerdigung hochkant in die Grube. Darauf sind die Möllner heute noch stolz und nennen sich gerne „Eulenspiegelstadt mit Herz".

machen da schon mehr Spaß. Etwa, wenn sie von einer Ortschaft künden, die „Göttin" heißt. Oder „Besenthal". Und man fragt sich, warum nicht alle Einwohner Besenthals schon längst ins benachbarte Göttin umgezogen sind.

Hinter Gudow erregt ein anderes Schild unsere Aufmerksamkeit: „Kurven auf 2 km". Keine Lüge! Jetzt geht es richtig beschwingt und zügig zur Sache – wer mag, der kann und darf Schräglage. Hinter Sterley geht es weiter. Jetzt sollen sogar sieben Kilometer Kurven folgen! Und in der Tat: Die Radien stimmen – allein der Straßenbelag nimmt einiges an Spaß. Aber was nicht ist, kann ja irgendwann einmal werden. Und dann wären diese sieben Kilometer ebenfalls ein Paradeabschnitt.

In Mölln nehmen wir etwas Tempo raus und halten uns Richtung Norden. Wenn es wieder über Land geht, kann erneut Gas angelegt werden. Wer sein Set-

Lump – oder weiser Mann? Die Gelehrten streiten sich auch heute, mehr als 750 Jahre nach Till Eulenspiegels Tod, noch darüber, ob der Nichtsesshafte ein früher Comedian oder ein skrupelloser Straßenräuber war. Egal: Unterhaltsam ist der Narr als literarische Figur allemal. Selbst, wenn er Eulen in den Backofen schob.

up auf Strubbelpiste eingestellt hat, wird auf diesem Streckenstück ebenfalls viel Spaß haben. Doch wenn der Belag besser wird, werden leider auch die Kurven weniger – aber man kann ja nicht alles haben.

Auf den nächsten Kilometern verlangt uns die Orientierung einige Aufmerksamkeit ab (genau ans Roadbook halten!). Als Belohnung fahren wir meist völlig alleine durch die Landschaft. Da geht es auch mal auf ziemlich schmaler Straße durch den Wald und wildromantisch an Feldern und Wiesen vorbei. Putzig, die kleinen Wildschweine, die hier frei herumlaufen. Frei herumlaufen??? Aber hallo und geballte Vorsicht! Schließlich macht sich die Waldwutz nicht wirklich gut als Galionsfigur an unserem Motorrad.

Ortschaften wie die Schenkenbergs und Wesenbergs gibt's in Groß- und Kleinausführung, und die dazwischen liegenden Kurven haben allerlei Radien zur Auswahl. Einige Hügel sorgen für gelegentlichen Niveauunterschied - und nach durchaus unterhaltsamer Fahrt erreichen wir Reinfeld. Zwischen hier und Bad Oldesloe gibt es leider keine große Streckenauswahl. Nehmen wir also die B 75 und bringen es schnell hinter uns.

Wenn man diese Tour als größere Feierabendrunde richtig timt, kann man auf den letzten Kilometern einen stimmungsvollen Abendhimmel genießen.

Ab Bad Oldesloe wird die Strecke dann wieder deutlich freundlicher. So gut wie keine Tempolimits - und wenig Rivalen auf der Rennbahn. Anschließend nehmen wir statt der B 432 eine weitere schöne Nebenstrecke, die uns einige Kurven schenkt und einem forschen Ritt nicht ablehnend gegenübersteht. Die Landschaft macht ebenso Spaß, ganz egal ob wir über die Felder oder durch den Wald fahren. Der fröhliche Bogen zieht sich bis Tangstedt, wo die B 432 hämisch lachend auf uns lauert. Da wir keine große andere Wahl haben, nehmen wir die letzten Kilometer auf der autoverseuchten Piste rein nach Hamburg. Und irgendwo in Fuhlsbüttel verabschieden wir uns voneinander. Nach Hause muss jetzt jeder allein finden.

Zollenspieker

Hamburg

Am Anleger:
Imbiss, Kiosk
mit Steh-
tischen

Adresse:
Zollenspieker Fähran-
leger, 21037 Hamburg,
Tel: 040 - 768 419 4
www.faehre-
zollenspieker.de

Zeiten:
täglich: 10 - 20 Uhr

Lage & Umgebung:

Atmosphäre:

Ausstattung:

Essen & Trinken:

Motorraddichte:

Showfaktor:

Fährhaus:
Gasthof
mit Terrasse

Adresse:
Zollenspieker Haupt-
deich 143, 21037 HH,
Tel: 040 - 793 133 0
www.zollenspieker-
faehrhaus.de

Zeiten:
Mo bis So: 11 - 22 Uhr

Karte: S. 71

Lage & Umgebung:

Atmosphäre:

Ausstattung:

Essen & Trinken:

Motorraddichte:

Showfaktor:

Am südlichsten Punkt Hamburgs liegt einer der beliebtesten
Motorradtreffs. Wer Zollenspieker sagt, meint meistens den
Imbiss von „Käpt'n Kuddel", der mit seiner Crew gleichzeitig
auch die Fähre rüber nach Niedersachsen betreibt. Direkt
am Fähranleger reihen sich vor allem an sonnigen Wochenenden die Motorräder auf: Sehen und gesehen werden.
Wem das Ambiente und das Gastro-Angebot zu spartanisch
ist, der setzt sich ins benachbarte Fährhaus. Denn auch das
heißt Zollenspieker. Hier gibt es die Auswahl bei Ambiente
und Karte: vom feinen Restaurant über die rustikale Vierlän-
der Stube bis zum zünftigen Biergarten mit feinem Elbe-
Blick.
Wenn man es genau nimmt, gehört zum „Zollenspieker"
auch noch die Dependance in Niedersachsen. In Hoopte, auf
der anderen Elbseite, betreibt Kuddel nämlich einen weiteren Imbiss. Ebenfalls direkt am Fähranleger.

Richtg.	km	Info
↓	**0,0**	Start an der Euro-Shell-Tankstelle und dort links abbiegen auf den *Billwerder Steindamm*
↑	**3,3**	an der Ampelkreuzung rechts in die *Grusonstraße* einbiegen (Ausschilderung: *Autobahn A 1*)
↑	**6,4**	am „Dänischen Bettenlager" rechts abbiegen Richtung *Vier-, Marschlande, Elbfähre*
↓	**8,2**	links abbiegen Richtung *Reitbrook*
←	**18,5**	an der Stoppstraße (Kirchwerder Landweg) weiter geradeaus fahren (keine Ausschilderung)
↗	**20,0**	am Feuerwehrhaus Kirchwerder Nord halbrechts halten Richtung *Norderquerweg*
↑	**22,0**	am Ende der Strecke rechts abbiegen in den *Kirchwerder Hausdeich* (keine Ausschilderung)
↑	**22,3**	rechts abbiegen Richtung *Elbfähre*
↓	**25,0**	links abbiegen Richtung *Geesthacht* und *Elbfähre* und sofort wieder
↑	**25,0**	rechts abbiegen Richtung *Elbfähre*
●	**25,1**	*Motorradtreff Zollenspieker*

Richtg.	km	Info
←	**25,1**	mit der Fähre über die Elbe
↓	**25,2**	am Südufer der Elbe links abbiegen Richtung *Winsen an der Luhe*
↓	**25,4**	links abbiegen Richtung *Niedermarschacht* und *Lassrönne*
↓	**30,6**	links abbiegen Richtung *Drage* und *Geesthacht*
↑	**52,7**	in Artlenburg rechts der abknickenden Vorfahrt folgen Richtung *Lübeck, Lauenburg* und *Lüneburg*
↓	**53,3**	links abbiegen Richtung *Lübeck* und *Lauenburg*
←	**58,0**	geradeaus weiterfahren Richtung *Lübeck* und *Lauenburg*
↓	**60,8**	links abbiegen auf die *B 5* Richtung *Hamburg* und *Lübeck*
↑	**62,6**	rechts abbiegen Richtung *Büchen*
↑	**76,2**	in Büchen rechts abbiegen Richtung *Mölln* und *Gudow*
←	**91,0**	in Gudow geradeaus weiterfahren Richtung *Ratzeburg* und *Hollenbek*
↙	**99,1**	in Sterley halblinks abbiegen Richtung *Mölln*

Richtg.	km	Info
↗	**108,1**	in Mölln halbrechts halten Richtung *Hamburg* und *Lübeck*
↖	**109,1**	hinter dem Ortsausgang von Mölln halblinks halten Richtung *Klinkrade* und *Kühsen*
↓	**109,6**	links abbiegen Richtung *Klinkrade* und *Kühsen*
←	**113,5**	geradeaus weiterfahren Richtung *Labenz*
↗	**114,9**	halbrechts abbiegen Richtung *Berkenthin* und *Behlendorf*
↓	**116,7**	links der abknickenden Vorfahrt folgen Richtung *Berkenthien*
↓	**120,8**	links abbiegen auf die *B 208* Richtung *Bad Oldesloe* und *Kastorf*
↑	**121,1**	in Berkentien rechts der abknickenden Vorfahrt folgen (keine Ausschilderung)
↓	**121,5**	links der abknickenden Vorfahrt folgen Richtung *Bad Oldesloe*
↑	**122,4**	rechts abbiegen Richtung *Rondeshagen*
↓	**124,6**	in Rondeshagen links abbiegen Richtung *Groß Weeden* und *Bliestorf*
↑	**125,2**	rechts abbiegen Richtung *Bliestorf* und unmittelbar danach

Richtg.	km	Info
↓	125,3	links abbiegen Richtung *Bliestorf*
↑	127,3	rechts abbiegen Richtung *Lübeck* und *Bliestorf*
↓	127,9	in Bliestorf links abbiegen Richtung *Schenkenberg* und *Grinau* (Schenkenberger Weg)
↖	129,9	an der Weggabelung halbrechts halten Richtung *Grinau*
↑	131,9	in Grinau an der Vorfahrtstraße rechts abbiegen (keine Ausschilderung)
↓	134,5	in Groß Schenkenberg links abbiegen Richtung *Reinfeld* und *Klein Wesenberg*
↓	134,8	in Klein Schenkenberg links der abknickenden Vorfahrt folgen Richtung *Reinfeld*
←	137,2	im Kreisverkehr die 2. Ausfahrt nehmen Richtung *Reinfeld* und *Wesenberg*
↓	139,8	links abbiegen Richtung *Hamburg* und *Reinfeld*
↑	150,6	in Bad Oldesloe rechts abbiegen und auf der *B 75* bleiben Richtung *Hamburg* und *Kiel*
↑	152,0	rechts abbiegen Richtung *Borstel* und *Grabau*
←	152,9	geradeaus über den Kreisverkehr (keine Ausschilderung)

Richtg.	km	Info
↓	**154,2**	links abbiegen Richtung *Borstel* und *Grabau*
←	**160,4**	geradeaus weiterfahren Richtung *Bad Segeberg*
↓	**164,5**	links abbiegen auf die *B 432* Richtung *Hamburg* und *Norderstedt*
↑	**166,0**	rechts abbiegen Richtung *Kaltenkirchen*
↓	**170,5**	links abbiegen Richtung *Henstedt-Ulzburg*
↓	**173,2**	links abbiegen Richtung *Wakendorf II*
↑	**177,2**	in *Wakendorf II* rechts abbiegen Richtung *Henstedt-Ulzburg*
↓	**178,3**	links abbiegen Richtung *Norderstedt* und *Tangstedt*
↑	**186,3**	rechts abbiegen auf die *B 432* Richtung *Hamburg* und *Norderstedt*
↓	**194,8**	links abbiegen Richtung *Hamburg* (Langenhorner Chaussee)
●	ca. **200**	Ende der Tour in *Hamburg-Fuhlsbüttel*

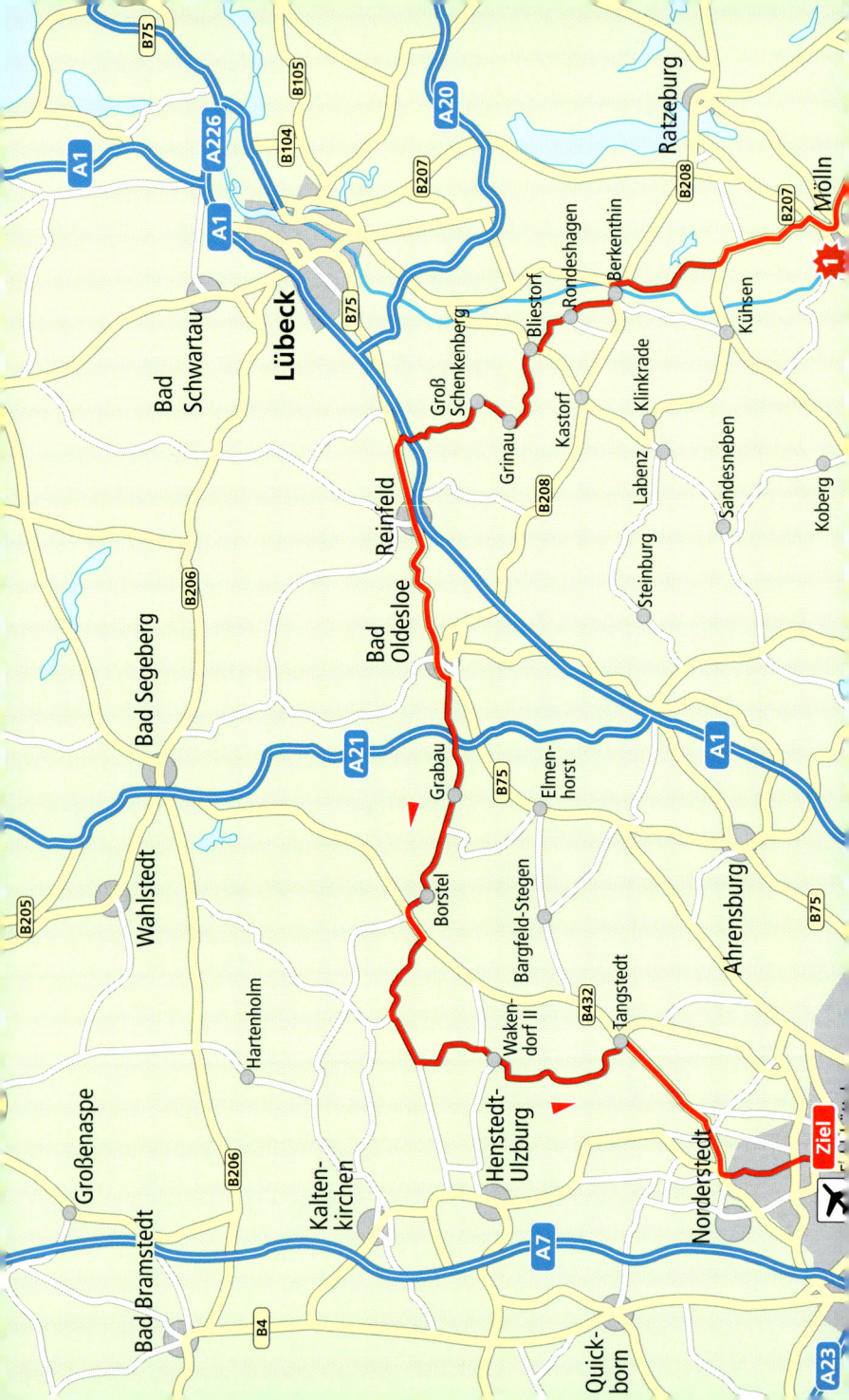

Pracht und Herrlichkeit

Typ:	Ganztagesrunde über viele Nebenstrecken
Länge:	ca. 317 km
Sightseeing:	viel, wenn man historische Bauten mag
Kurven:	einige sehr freundliche Kurvenabschnitte
Motorraddichte:	sehr gering
Kombinationen:	Tour 4 (Seite 60), Tour 6 (Seite 88)

Schöne Wasser-
landschaft: die
Schweriner Seen.

Wir sind ja schon bei der vierten Tour erfolgreich von der Euroshell-Station gen Südosten gestartet. Warum sollte das nicht noch einmal klappen?! (Nein, wir werden nicht von Shell gesponsort ...) Also starten wir zu dieser wirklich großen Runde ebenfalls von dort und lassen uns vom Dänischen Bettenlager wieder den Weg weisen. Diesmal entscheiden wir uns dann aber für die Uferstraße der großen Elbe, der wir bis Geesthacht flussaufwärts folgen.

Nachdem wir uns schon fast an den Dauerzustand „Tempo 60" gewöhnt haben, werden wir hinter Geesthacht mit 70 erlaubten km/h „verwöhnt". Warum das so sein muss, wissen die Götter und das Landratsamt. Mögliche Gefahrenquellen bleiben uns auch bei angestrengtem Spähen verborgen. Ab Gützow können wir die Spaßbremse vorübergehend vergessen – und nach einem kurzen Intermezzo auf der B 209 geht es frisch und beschwingt wieder über schöne, kleine Nebenstraßen.

Das Herzogtum Lauenburg empfängt uns mit freundlichen Hügeln und der einen oder anderen Kurve. Gudow und andere Orte in dieser Gegend sind nett anzuschauen. Alte Höfe, alte Kirchen, viele rote Ziegel inmitten alten Fachwerks – wer sich an so etwas erfreuen kann, genießt das stimmige Ambiente. Bald reicht uns das Herzogtum an Mecklenburg-Vorpommern weiter. Die Straßen werden schmaler und gelegentlich schimmert der alte Osten noch ein wenig durch. In Form von Kopfsteinpflaster, zum Beispiel. Oder in Form von wunderschönen Alleen, wie sie in der DDR keine Seltenheit waren.

Sollte es wirklich Leute geben, denen es auf Strecken wie dieser zu einsam ist?

Auf ihrem Weg von Zarrentin nach Tessin entwickelt die Strecke richtig Charme. Etwas rumpeligen Charme – aber was soll's. Wir schwingen über kleine und kleinste Straßen, genießen einige Kurven und sind meist ganz allein unterwegs. Nur wenn wir mal wieder einige wenige Kilometer Bundesstraße fahren, wird es voller.

In Stralendorf fahren wir dann einen sehr ambitionierten Gullideckel-Slalom und nehmen Kurs auf die Landeshauptstadt. Unterwegs lernen wir, dass man sein Dorf „Rogahn Ausbau" nennen darf, wenn die Namen Groß-Rogahn und Klein-

Rogahn schon an die Nachbargemeinden vergeben sind. Schwerin empfängt uns dann mit seiner schmucklosen Seite. Dass es diese Stadt aber auch besser kann, sieht man, wenn man weiter reinfährt und sich erfolgreich durch ein nerviges Einbahnstraßen-Umleitung-Durchfahrt-verboten-Potpourri quält. Wer Sightseeing will, wird in Schwerin ordentlich bedient.

Der See ist aber auch nicht ohne – wir leisten ihm eine Weile Gesellschaft, bis wir an seiner schmalsten Stelle flugs rübermachen und auch noch einige Kilometer lang sein Ostufer genießen. Die Fahrfreude kehrt auf dem Weg nach Retgendorf schlagartig wieder ein. Dort allerdings verabschieden wir uns von dem respektablen Binnengewässer und nehmen Kurs auf die offene See.

Auf Salzwasser stoßen wir dann in Wismar. Die Stadt ist so nett, dass man fast zwingend absteigen muss.

Schwerin

Die Landeshauptstadt hat etwas länger gebraucht, um den Grauschleier der DDR-Zeit loszuwerden. Dafür strahlt Schwerin nun umso heller. Natürlich nicht überall. Aber viele historische Bauten sind zu richtigen Schmuckstücken geworden.
Allen voran das Schloss, das mittlerweile im Pflichtenheft in- und ausländischer Meck-Pomm-Touristen steht.

Wismar

Wer hier vom Mopped steigt, wandelt in einem Weltkulturerbe. Mit UNESCO-Stempel, selbstverständlich. Die kleine Hansestadt hat es nämlich faustdick hinter den Mauern. Als der Städtebund im 14. Jahrhundert auf dem Höhepunkt seiner Macht und seines Geldscheffelns war, bekam Wismar eine ordentliche Dosis Architektur und Infrastruktur mit. Altstadt, Markt, Hafen: Auch heute noch fast wie früher.

Zwischen und in Marktplatz und Hafen gibt es viele Gelegenheiten zu einer entspannten Tasse Kaffee. Und zu gucken gibt es auch reichlich etwas. Das allerdings wissen auch verdammt viel andere Leute. Schade, denn die zahllosen Besucher tragen auch ihr Scherflein zu dem sehr zähen Verkehr bei.

Wenn wir Abschied von der Ostsee nehmen, wird auch das Fahren wieder schön. Ab Hohenkirchen erfreut uns eine feine, kleine Nebenstraße, freundlich ausgebaut, mit gutem Belag, schönem Baumbestand und ein paar kleinen Kurven. Dazu: wenig Verkehr und wenige Verbotsschilder. Hier lässt sich's fahren!

Sechs Kilometer Bundesstraße, die sich leider dazwischenmogeln, nehmen wir mit Fassung, bevor wir wieder (fast) unter uns sind. Nebenstraßen tragen uns über Schönberg und Carlow nach Ratzeburg. Und zeigen uns gelegentlich, was einst unter ihnen war: Kopfsteinpflaster. Auf einigen Abschnitten schimmert's wieder durch.

Hinter Ratzeburg führt die Strecke dann weitgehend durch den Wald. Uns soll's recht sein, selbst, wenn wir bei unseren Walddurchfahrten doppelt aufpassen müssen. Auf Erholung suchende und Sport treibende Zweibeiner ebenso wie auf paarungswillige Vierbeiner. Wanderer, Radler oder das gemeine Wild sind oft sehr in ihr eigenes Tun vertieft.

Hinter Mölln gibt die Strecke noch einmal so richtig Gas. Geizt weder mit Landschaft noch mit Asphalt. Aber man merkt: Je näher wir Hamburg kommen, desto mehr gehen ihr die Kurven aus. Dafür gibt's noch einmal ein absolutes Highlight der Ortsnamen: Büchsenschinken. Jadoch, tatsächlich! Wir rollen sogar durch. Danach geht's auf die Einflugschneise über Glinde und Oststeinbek nach HH. Ready to touch down.

Wismars Marktplatz wirkt immer. Selbst wenn die Sonne überhaupt nicht scheint.

Richtg.	km	Info
↓	0,0	Start an der Euro-Shell-Tankstelle, dort links abbiegen auf den *Billwerder Steindamm*
↑	3,3	an der Ampelkreuzung rechts in die *Grusonstraße* einbiegen (Ausschilderung: *A 1*)
↑	6,4	am „Dänischen Bettenlager" rechts abbiegen Richtung *Vier- und Marschlande*
↑	11,5	in Ochsenwerder an der Sparkasse rechts abbiegen in den *Elversweg* Richtung *Sportplatz*
↓	12,7	links abbiegen auf den *Gauerter Hauptdeich*
●	24,8	*Motorradtreff Zollenspieker*
↑	35,8	im Kreisverkehr die erste Ausfahrt nehmen Richtung *Geesthacht*
↑	39,5	in Geesthacht an der Ampelkreuzung rechts abbiegen Richtung *Behörden* und *Dialogicum* (keine Ortsausschilderung)
↓	40,8	links abbiegen Richtung *Behörden, Museum* (keine Ortsausschilderung)
↑	41,3	rechts abbiegen Richtung *Krankenhaus, Gesundheitsamt* (keine Ortsausschilderung)
←	42,1	an der Ampelkreuzung geradeaus weiterfahren Richtung *Schwarzenbek* und *Wiershop*
←	43,7	im Kreisverkehr die 2. Ausfahrt nehmen Richtung *Schwarzenbek*
←	46,8	geradeaus fahren Richtung *Wiershop* und *Gülzow*

Richtg.	km	Info
←	**49,7**	in Gülzow an der Stoppstraße geradeaus weiterfahren Richtung *Lütau*
↑	**50,4**	der abknickenden Vorfahrt rechts folgen Richtung *Lütau*
↓	**54,1**	in Lütau an der Stoppstraße links abbiegen Richtung *Schwarzenbek*
↑	**56,8**	rechts abbiegen Richtung *Büchen*
↓	**62,7**	links abbiegen Richtung *Mölln* und *Gudow*
←	**62,8**	geradeaus weiterfahren Richtung *Gudow*
↑	**64,3**	in Büchen-Dorf rechts abbiegen Richtung *Langenlehsten* und *Bröthen*
↑	**77,3**	am Streckenende rechts abbiegen in die *Büchener Landstraße* (keine Ortsausschilderung)
↖	**81,0**	halbrechts abbiegen Richtung *Zarrentin* und *Sophiental*
↑	**90,5**	in Zarrentin rechts abbiegen auf die *B 195* Richtung *Boizenburg* und *Wittenburg*
↙	**91,0**	an der Stoppstraße halblinks abbiegen Richtung *Gadebusch* und *Wittenburg*
↙	**92,0**	halblinks abbiegen Richtung *Lassahn*
↙	**93,5**	halblinks der abknickenden Vorfahrt folgen (keine Ausschilderung)

Richtg.	km	Info
↑	95,2	rechts abbiegen Richtung *Gadebusch* und *Boissow*
↙	95,7	in Boissow halblinks der abknickenden Vorfahrt folgen Richtung *Gadebusch*
↑	97,8	in Neuhof rechts abbiegen Richtung *Gadebusch* und *Tessin*
↙	99,8	in Tessin halblinks abbiegen Richtung *Gadebusch* und *Drönnewitz*
↖	103,9	in Drönnewitz halbrechts abbiegen Richtung *Boddin* und *Döbbersen*
↓	108,5	links abbiegen Richtung *Schwerin* und *Lützow*
↑	112,2	rechts abbiegen Richtung *Söhring*
↖	115,6	an der Weggabelung in Perlin halbrechts halten (keinerlei Ausschilderung)
↘	119,4	am Streckenende scharf links in die Vorfahrtstraße abbiegen (keine Ortsausschilderung)
↓	127,9	in Stralendorf links abbiegen Richtung *Schwerin* und *Groß Rogahn*
↓	133,7	hinter Klein Rogahn im Kreisverkehr die 3. Ausfahrt nehmen Richtung *Schwerin*
↖	135,4	halbrechts abbiegen Richtung *Wismar* und *Zentrum*
↓	138,3	links abbiegen Richtung *Güstrow* und *Wismar*

Richtg.	km	Info
←	139,1	weiter geradeaus fahren Richtung *Güstrow* und *Wismar*
←	139,9	geradeaus weiterfahren Richtung *Güstrow*
↓	140,9	links abbiegen auf die *B 104* Richtung *Güstrow* und *Wismar*
←	141,8	auf der B 104 bleiben und geradeaus weiterfahren Richtung *Güstrow*
↓	148,5	links abbiegen Richtung *Flessenow* und *Retgendorf*
↓	153,4	in Retgendorf links abbiegen (abknickende Vorfahrt) Richtung *Wismar* und *Flessenow*
↑	154,9	rechts abbiegen Richtung *Wismar*
↑	157,1	der abknickenden Vorfahrt rechts folgen Richtung *Wismar*
↓	158,8	am Ende der Strecke links abbiegen Richtung *Wismar*
↑	180,3	in Wismar rechts abbiegen Richtung *Zentrum, Hafen* und *Bahnhof*
←	181,6	geradeaus weiterfahren Richtung *Hafen* und *Bahnhof*
↗	183,4	hinter dem Hafen im Kreisverkehr die erste Ausfahrt nehmen Richtung *Grevesmühlen* und *Lübeck*
↑	187,5	rechts abbiegen auf die *B 105* Richtung *Lübeck* und *Grevesmühlen*

Richtg.	km	Info
↑	188,6	rechts abbiegen Richtung *Klütz* und *Boltenhagen*
↓	193,4	links abbiegen Richtung *Grevesmühlen*
←	196,5	geradeaus in die abknickende Vorfahrt fahren Richtung *Grevesmühlen*
↑	204,3	in Grevesmühlen rechts abbiegen auf die *B 105* Richtung *Lübeck*
←	205,4	geradeaus weiterfahren Richtung *Lübeck*
↓	213,4	links abbiegen Richtung *Schönberg* und *Ratzeburg*
←	222,9	geradeaus weiterfahren Richtung *Schönberg*
↓	224,6	in Schönberg links abbiegen Richtung *Schwerin, Gadebusch* und *Ratzeburg*
←	226,0	geradeaus weiterfahren Richtung *Ratzeburg*
↓	227,2	links abbiegen Richtung *Carlow* (Ausschilderung sehr spät zu sehen!)
←	234,4	geradeaus weiterfahren Richtung *Carlow*
↑	235,7	in Carlow rechts abbiegen Richtung *Lübeck*
↑	236,3	rechts der abknickenden Vorfahrt folgen Richtung *Lübeck*

Richtg.	km	Info
↙	237,7	links abbiegen Richtung *Groß Molzahn*
↗	241,6	in Groß Molzahn zunächst rechts der abknickenden Vorfahrt folgen, dann halbrechts in die abknickende Vorfahrtstraße einfahren (keinerlei Ausschilderungen)
↙	242,9	links abbiegen Richtung *Ratzeburg*
↑	248,6	in Ziethen rechts abbiegen auf die *B 208* Richtung *Ratzeburg*
↙	249,9	in Ratzeburg links abbiegen Richtung *Mölln* und *Seedorf* und sofort
↗	250,0	halbrechts abbiegen Richtung *Mölln*
↑	259,2	in Mölln rechts abbiegen Richtung *Hamburg* und *Lübeck*
↙	259,8	links abbiegen Richtung *Innenstadt*
←	260,6	mit einem Schlenker um die Fußgängerzone „gedacht" geradeaus fahren (4 x der abknickenden Vorfahrt folgen ↑ ↓ ↓ ↑)
↑	260,9	rechts abbiegen Richtung *Hamburg* (erneut abknickende Vorfahrt)
↑	261,8	an der Vorfahrtstraße rechts abbiegen Richtung *Hamburg* und *Lübeck* (nicht auf die B 207 fahren!)
↗	263,0	in Alt Mölln scharf rechts abbiegen Richtung *Nusse* und *Mannhagen*

Richtg.	km	Info
↓	271,5	in Nüsse links abbiegen Richtung *Trittau* und *Koberg* und sofort
↗	271,5	halbrechts halten Richtung *Trittau* und *Koberg*
←	276,4	geradeaus fahren Richtung *Hamburg* und *Trittau*
←	290,2	geradeaus weiter Richtung *Hamburg* und *Reinbek*
←	301,3	im Kreisverkehr die 2. Ausfahrt nehmen in Richtung *Glinde*
↑	303,0	in Glinde rechts abbiegen Richtung *Hamburg*
←	305,8	geradeaus weiterfahren Richtung *Hamburg*
↓	307,5	die Autobahn überqueren, unmittelbar danach links abbiegen in die *Möllner Landstraße*
↙	310,0	halblinks der abknickenden Vorfahrt folgen in die *Reclamstraße*
↑	310,2	rechts der abknickenden Vorfahrt folgen
↓	310,8	links abbiegen Richtung *Billbrook* und *Autobahn*
↑	310,9	rechts abbiegen auf die *B 5* Richtung *Centrum* und *A 7* nach Flensburg
↓	315,6	an der Sparkasse links abbiegen in den *Ausschlägerweg*
●	316,4	Ankunft am Ausgangspunkt

Von der Elbe in die Heide

Typ:	Feierabend-Tour, optional mit Offroad-Einlage
Länge:	ca. 190 km
Sightseeing:	nichts
Kurven:	einige schöne Kurvenabschnitte
Motorraddichte:	größtenteils gering, wenige stark befahrene Kilometer
Kombinationen:	Tour 4 (Seite 60), Tour 5 (Seite 72)
Besonderes:	Elbuferstraße am Wochenende für Motorräder gesperrt!

Der Zollenspieker Anleger eignet sich bestens als Treff und Startpunkt für eine Tour, die einen großen Bogen um Lüneburg macht. Nichts gegen Lüneburg, aber: Draußen ist die Straße! Starten wir also auf dem Elbe-Hauptdeich und fahren uns ganz langsam warm. Langsam ist zunächst sowieso besser, weil an schönen Tagen hier Hunderte ihrem Hobby nachgehen: Radeln, Skaten, Bummeln, Angeln.

Bald geht es über eine angenehme Waldstrecke, die leider auch tempobegrenzt ist. Hier kreucht und

Offroad

Von Boizenburg bis Bandekow gibt es die völlig legale Möglichkeit einer etwa fünf Kilometer langen Offroad-Einlage. Vorausgesetzt, man hat das richtige Motorrad für dieses sandige Vergnügen. (Für normale Straßenreifen absolut ungeeignet!!)

In Boizenburg rechts abbiegen Richtung Gothmann. In Gothmann zunächst rechts halten und nach ca. 50 m links abbiegen in die Straße „An der Sude". Am Ende von Gothmann geht es links auf einem Kopfsteinpflasterweg weiter. Ausschilderung: Bandekow. Nach einigen Metern geht der Kopfsteinpflasterweg in eine Piste über. Vorsicht: Der Sand ist stellenweise sehr lose! An der Weggabelung im Niemandsland rechts halten. Ab Bandekow geht es dann weiter in der Tour (rechts abbiegen auf die B 195).

fleucht alles: Radfahrer, Rehe, Motorradfahrer. Also gibt es zur Sicherheit auch noch ein Überholverbot. Schade eigentlich.

In Geesthacht folgen wir den Schildern zum „Dialogicum" und müssen dann erstaunt feststellen, dass es sich hierbei nicht um eine universitäre Einrichtung oder die Volkshochschule handelt, sondern um einen „Energiepark". Das Wasserkraftwerk ist nämlich mit Windenergie und Photovoltaik getunt. Bald begegnet uns auf Schildern ein Uhu, der für ein Tagesfahrlicht bei Autos Reklame macht. Ob das wirklich eine gute Idee ist – oder für uns Motorradfahrer eher kontraproduktiv?

Hinter Lauenburg dürfen wir dann endlich ungestraft am Kabel ziehen. Dafür hat die Strecke an Attraktivität eingebüßt. Noch vor Boizenburg verlassen wir die B 5, nehmen uns ein kleines Stück Altstadt und biegen schließlich für etwa fünf Kilometer auf die B 195. Dann geht's auf die Nebenstrecke, die wir ohne nennenswerte Verkehrsbelästigung zügig und mit Freude befahren. Nett. Auf dem Weg nach Neuhaus und Krusendorf wird es noch netter. Weil Kurven dazukommen, die uns den nötigen Schwung geben. Wenn wir dann wieder auf die B 195 treffen, geht das Vergnügen weiter – auch die Bundesstraße hat sich in feine Kurven gelegt. Die Fahrdynamik hält bis Neuhaus, dann beruhigt sich der Asphalt wieder. Flott bleibt es aber trotzdem.

Agrokultur auf der Rolle. Landwirtschaft kompakt.

Südlich der Elbe geht es bald weiter. Allerdings nicht am Wochenende. Dann nämlich müssen wir (temporäre Streckensperrung!) aufs Kurvenvergnügen verzichten. Zunächst fängt die Elbuferstraße ganz lang-

sam an – und wird dann nach wenigen Kilometern zu einem richtigen Prachtstück. Inklusive toller Ausblicke auf eine absolut charmante Elbe. Die sehenswerte Show könnte man bis Hitzacker genießen, wir drehen aber in Drethem bei und nehmen Kurs auf die Heide, die bald ihre ersten Erika-Büschel in die Landschaft tupft. In Pommoissel lässt die Straße vorübergehend stark nach. So stark, dass bereits Kopfsteinpflaster durch den Asphalt lacht. Kein Dauerzustand, gottseidank. Und so fahren wir weitgehend komfortabel runter nach Görde.

Die Deutsche Alleenstraße ist woanders. Aber sie könnte auch hier verlaufen. Ohne größere Umbauten.

Bald gibt es landschaftlichen Kontrast zu dem bisher Gesehenen: Nadelwald statt Elbeblick – auch nicht schlecht. Da es hier offenbar außer uns keinen weiteren Straßenverkehr gibt, kommt fast so etwas wie Einsamkeit auf. Bis Bad Beversen geht es zügig aber unspektakulär voran. Danach ertragen wir einen Kilometer Bundesstraße und freuen uns danach um so mehr auf eine freundliche, kleine Landstraße, auf der wir zügig durch lebhafte Kurven fahren können. Hin-

Spielt auf dieser Tour eine Hauptrolle: Landschaft.

ter Ebstorf geht das angenehme Kurvenschwingen weiter – allerdings gelegentlich gebremst durch einige Ortschaften längs des Weges.

Und das Vergnügen ist noch steigerungsfähig: Hinter Wulfsode kommt fast Schwarzwald-Feeling auf. Wir kurven durch den Wald und die Landschaft ist richtig hügelig geworden. Hier geht es rauf und runter, und hier fährt mal wieder kein Mensch lang.

In Amelinghausen verabschieden sich die Kurven von uns. Dafür sehen wir jetzt wieder häufiger andere Motorradfahrer. Wir erwidern die Grüße und freuen uns an einer eher aufgeräumten und angenehmen Landschaft: Weiden, Wald, Äcker und Heide. Und wenn es dann richtig tief in den Wald geht, ist nahezu alles perfekt. Nur ein paar Kurven fehlen ...

Keine Angst: 10 km/h und die Drohung mit dem Wasserwerfer gibt es nur auf der Fähre ...

In Luhdorf müssen wir uns links halten. Führen wir rechts, würden wir in einem Ort landen, der den unangenehmen Namen „Radbruch" trägt. So etwas können wir heute nicht gebrauchen. Also fahren wir tapfer durch Winsen, queren die Luhe und sind wieder an der Elbe. Die Fähre bringt uns zu unserem Abschlusskaffee am Zollenspieker.

 **Fähranleger**

Käpt'n Kuddel zum Zweiten: Der geschäftstüchtige Seemann betreibt nicht nur die Elb-Fähre und den Kiosk am Zollenspieker, sondern sorgt auch am niedersächsischen Ufer des Flusses für die gastronomische Grundversorgung. Auch hier treffen sich Motorradfahrer. Wenn sie nicht gerade am Zollenspieker stehen. Und genauso wie am Zollenspieker gibt es auch auf Hoopter Seite ein Fährhaus, in dem man ebenfalls tafeln kann.

Hoopte

 Imbiss, Kiosk mit Stehtischen

Adresse:
Hoopter Elbdeich,
21423 Winsen (Luhe),

Zeiten:
täglich: 10 - 20 Uhr

Karte: S. 98

Lage & Umgebung:

Atmosphäre:

Ausstattung:

Essen & Trinken:

Motorraddichte:

Showfaktor:

Richtg.	km	Info
←	0,0	Start am *Zollenspieker Fährhaus* auf dem *Zollenspieker Hauptdeich* Richtung Osten
↑	11,1	im Kreisverkehr die erste Ausfahrt nehmen Richtung *Geesthacht*
←	13,3	geradeaus weiterfahren Richtung *Geesthacht*
↑	14,8	an der Ampelkreuzung rechts abbiegen Richtung *Behörden* und *Dialogicum*
↗	22,3	hinter Grünhof-Tesperhude scharf rechts abbiegen auf die *B 5* Richtung *Lauenburg*
←	31,3	im Kreisverkehr die erste Ausfahrt nehmen Richtung *Lüneburg* und *Ludwigslust*
←	33,5	zweimal hintereinander geradeaus weiterfahren Richtung *Lüneburg* und *Ludwigslust*
↑	40,9	rechts abbiegen Richtung *Vier* und *Boizenburg-Altstadt*
←	42,9	geradeaus weiterfahren Richtung *Altstadt*
↑	45,5	in Boizenburg-Bahnhof rechts abbiegen Richtung *Neuhaus*
↑	53,1	rechts abbiegen Richtung *Bleckede*
↓	54,5	links der abknickenden Vorfahrt Richtung *Bleckede* folgen
↓	56,5	links abbiegen Richtung *Neuhaus* und *Krusendorf*

Richtg.	km	Info
↑	**63,0**	rechts abbiegen Richtung *Neuhaus*
↑	**65,5**	rechts abbiegen auf die *B 195* Richtung *Dömitz* und *Neuhaus*
↗	**68,5**	scharf rechts abbiegen Richtung *Dömitz, Kaarßen* und *Dahlenburg* (auf B 195 bleiben)
↑	**69,2**	rechts abbiegen Richtung *Dahlenburg* und *Neu Darchau*
←	**74,9**	mit der Fähre die Elbe überqueren
↓	**75,3**	in Neu Darchau links abbiegen Richtung *Hitzacker* und *Wietzetze* (Elbuferstraße)
↑	**81,2**	in Drethem rechts der abknickenden Vorfahrt folgen Richtung *Hitzacker*
←	**81,4**	geradeaus weiterfahren Richtung *Hitzacker* und *Wietzetze*
↑	**84,1**	in Wietzetze rechts abbiegen Richtung *Bleckede* und *Neu Darchau*
↓	**87,3**	links abbiegen Richtung *Göhrde* und *Pommoissel*
↙	**90,6**	halblinks halten Richtung *Göhrde*
↓	**92,6**	an der Vorfahrtstraße links abbiegen Richtung *Dannenberg* und *Göhrde*
↑	**93,9**	in Göhrde rechts abbiegen Richtung *Bad Bevensen* und *Himbergen*

Richtg.	km	Info
←	109,8	geradeaus weiterfahren Richtung *Bad Bevensen*
↑	116,3	in Bad Bevensen rechts abbiegen Richtung *Lüneburg* und *Uelzen*
↑	116,9	rechts abbiegen Richtung *Medingen* und *Stadtmitte*
↙	117,6	halblinks abbiegen Richtung *Natendorf* und *B 4*
↓	118,6	an der Vorfahrtstraße links abbiegen Richtung *Natendorf* und *B 4*
↑	118,8	rechts abbiegen Richtung *Natendorf* und *B 4*
↓	120,8	links abbiegen auf die *B 4* Richtung *Uelzen*
↑	122,9	die B 4 verlassen Richtung *Bad Bevensen* und *Ebstorf*
↑	123,1	rechts abbiegen Richtung *Ebstorf* und *Barum*
↓	124,8	in Barum links der abknickenden Vorfahrt folgen Richtung *Ebstorf*
↑	124,9	rechts der abknickenden Vorfahrt folgen
←	131,6	in Ebstorf im Kreisverkehr die erste Ausfahrt nehmen Richtung *Soltau*
←	132,1	geradeaus über die Stoppstraße fahren Richtung *Soltau* und *Wriedel*

Richtg.	km	Info
↑	142,0	in Wriedel rechts abbiegen Richtung *Wulfsode* und *Schatensen*
↙	147,7	in Wulfsode halblinks halten Richtung *Amelinghausen* und *Rehlingen*
↙	155,7	halblinks abbiegen Richtung *Amelinghausen*
↑	156,3	in Amelinghausen an der Vorfahrtstraße rechts abbiegen Richtung *Lüneburg* und *Salzhausen*
↓	156,9	links abbiegen Richtung *Salzhausen* und *Oldendorf*
↓	167,2	links abbiegen Richtung *Winsen an der Luhe* und *Salzhausen*
↑	168,6	an der Kirche rechts abbiegen Richtung *Winsen an der Luhe*
↑	176,9	rechts der abknickenden Vorfahrt folgen Richtung *Winsen an der Luhe*
←	184,9	in Winsen an der Luhe geradeaus über die Ampelkreuzung fahren Richtung *Geesthacht*
↑	186,7	an der Ampelkreuzung rechts abbiegen Richtung *Hoopte* und *Elbfähre*
↑	190,6	rechts abbiegen Richtung *Bergedorf* und *Fähre*
←	191,4	mit der Fähre die Elbe überqueren, **Ankunft am Ausgangspunkt**

Das Auge fährt mit!

Typ:	gemütliche Cruisertour mit landschaflichen Highlights
Länge:	ca. 190 km
Sightseeing:	wenig
Kurven:	nur wenige kurvige Abschnitte
Motorraddichte:	überwiegend gering, in der Nähe der Treffs sehr hoch
Kombinationen:	Tour 8 (Seite 114)

Luftverteidigung: Mit viel Aufwand werden Knupperkirsche und Co. vor fliegenden Räubern geschützt (s. auch Seite 114).

Der Treff am Lüher Fähranleger bietet nicht nur eine Rundumversorgung für Motorradfahrer, er ist auch ein guter Startpunkt für einen Abstecher in die Lüneburger Heide. Die ersten Meter auf dieser Tour leistet uns die Elbe noch ein wenig Gesellschaft, dann geht es über Jork und Königreich ins Hinterland, wo bereits eine nette Kurvenstrecke auf uns wartet. Leider sind die drei Kilometer Kurven aber auch nahezu restlos bewohnt, sodass wir mit dem nötigen Respekt

Jork

Eine Gemeinde zwischen Fachwerk und Obst: Ganz selbstbewusst nennt sich Jork „das Herz des Alten Landes". Hier gibt es sehenswerte Bauten und ein Museum, das alles erzählt, was in den letzten Jahrhunderten südlich der Elbe so passiert ist.

Lisa-Kate

Den vermutlich ältesten Kiosk Norddeutschlands entdecken wir in Jesteburg. Betrieben wird das Fachwerk-Unikum heute von Nicole Hansen. (Hauptstraße 24)

durchfahren. Auf alle Fälle mit mehr Respekt als die Linienbusse, die hier vor allem abends schneidigst durchbrettern.

Nachdem wir den selbsternannten „Obstgarten an der Niederelbe" verlassen haben, verlangt die Durchfahrt von Hausbruch unsere ungeteilte Aufmerksamkeit. Schlechter kann man kaum ausschildern. Wir schaffen es trotzdem und fahren rauf in die Schwarzen Berge. Was wochentags etwas mehr Spaß macht, weil uns dann weniger Ausflugsverkehr die Sicht nimmt. Nach einem kurzen Stück parallel zur Autobahn nehmen wir Kurs auf Tötensen, das sich in letzter Zeit einen Namen für boulevardtauglichen Sex & Crime gemacht hat. Kein Wunder, Dieter Bohlen wohnt hier. Und in seiner Nachbarschaft weitere Leute, die es zu was gebracht haben. Die den herrschaft-

lichen Villen dann folgenden 2 bis 3 Mio.-Euro-Häus-
chen wirken dagegen fast schon popelig. Hinter Tötensen konzentrieren wir uns wieder auf das Wesent-
liche: Motorradfahren in seiner ausgesprochen schönen Form. Fein geht's durch den Wald, dann über
sanfte Hügel, entlang obstbehangener Bäume oder
Weiden mit ausgesprochen glücklichem Nutzvieh.
Einzig der bisweilen lebhafte Verkehr wirkt sich ein
wenig störend aus. Aber den lassen wir auch bald
zurück.

In Bendesdorf staunen wir über den vermutlich ältesten Kiosk der Republik und dann schwingen wir uns
wieder hinein in wunderschöne Landschaft, die sich
zunehmend zur Heide wandelt. Das Auge fährt mit!
Und bekommt eine Menge zu tun, denn wir entern
bald das Schutzgebiet der Lüneburger Heide.

Hinter Handeloh haben wir keine Wahl: Für einige
wenige Kilometer müssen wir auf die Bundesstraße.
Die B 5 bringt uns zügig nach Barrl, wo wir wieder in

die Natur tauchen. Und in was für eine! Da uns die Holperpiste bei forscher Gangart sowieso aus dem Sattel lupft, haben wir ausgiebig Zeit, uns diesen herrlichen Heideblick zu gönnen. Spektakulär! Das dachten sich wohl auch die Gründer von „Camp Reinsehlen", als sie 1994 ein britisches Armeegelände erwarben und dort ein Öko-Kunst-Gästehaus errichteten. Wir fahren mit ganz wenig Gas dran vorbei und staunen über die „Rote Halle" und die „Knickpyramide".

Spektakuläre Heidelandschaft bei Reinsehlen.

Nach einem kurzen Zivilisations-Intermezzo namens Schneverdingen tauchen wir hinter Lünzen wieder ab in eine andere Welt. Ein kleines, verwunschenes – leider aber auch ziemlich rumpeliges – Sträßchen trägt uns im abwechslungsreichen 90-Grad-Zickzack nach Deepen. Dort wird die Straße wieder breiter. Aber nicht so breit, dass sich hier viele Autos

hin verirren. Die finden wir erst wieder, wenn wir uns für vier Kilometer auf die B 75 hängen.

Bei Wistedt schlagen wir uns wieder links in die Pampa, die hinter Vaerloo mit einem freundlichen Mix aus kleinen Wäldchen, Wiesen und Äckern erfreut. Die Nebenstrecke, die wir jetzt befahren, ist sehr nett und hat auch einige Kurven. Nur der miese Straßenzustand trübt die Gesamtnote etwas. Und das Kopfsteinpflaster-Landstraßen-Intermezzo muss doch mehr als 60 Jahre nach Kriegsende wirklich nicht mehr sein.

In Halvesbostel hat uns die Zivilisation wieder. Wir gleiten entspannt aber unspektakulär bis nach Horneburg. Wir schlängeln uns durch dessen schmale Gassen, und danach schlängeln wir uns durch das Land der Knubberkirsche und der anderen leckeren Obstsorten. Das Alte Land hat uns wieder. Die Strecke bis

Motorrad-
händler mit
Bistro-Betrieb

Adresse:
Harburger Straße 52,
29640 Schneverdingen,
Tel: 05193 - 96 40,
www.ztk.de

Zeiten (Bistro)**:**
Mo - Fr: 10 - 18 Uhr;
Sa: 9.30 - 16 Uhr;
So: 11 - 17 Uhr

Karte: S. 113

Lage & Umgebung:

Atmosphäre:

Ausstattung:

Essen & Trinken:

Motorraddichte:

Showfaktor:

ZTK

Schneverdingen

Händler oder Motorradtreff? Hinter dem Kürzel ZTK verbirgt sich „Zweiradtechnik Könemann". Also ganz klar: Händler! Dieter Könemann hat es aber nicht nur geschafft, so ziemlich alle relevanten Marken (inkl. BMW!) in seinen Geschäftsräumen zu vereinen, sondern er stellt mit seinem Team auch ein umfangreiches Programm auf die Beine. Betreibt ein Bistro (auch am Wochenende), organisiert Ausfahrten und hat oft einen vollen Parkplatz. Also ganz klar: Treff! – Oder nicht?

Grünendeich ist kurvenreich – den dazu nötigen Takt gibt die Lühe vor, die sich smart zur Elbe windet.

Ach so: Die klassische Allee darf auf dieser Tour natürlich auch nicht fehlen!

Je weiter wir nach Norden kommen, desto mehr Fachwerk steht rechts und links der Straße. Richtig malerische, schöne Häuschen sind dabei, und man kann es verschmerzen, dass man hier nur 50 tuckern darf. Es gibt schließlich viel zu gucken. Und wir gewinnen angesichts der großzügigen Bauten die Erkenntnis,

Graffiti mit Informationswert: Rund um den Lüher Anleger hat die Polizei natürlich ein waches Auge.

105

dass es den Obstbauern in vergangenen Zeiten offenbar nicht wirklich schlecht ging. In Grünendeich schwenken wir dann auf Elbkurs und docken zum Abschied noch mal an der Lüher Fähre an.

Lüher Fähranleger   Grünendeich

Motorrad-parkplatz mit div. Imbiss-Gelegenheiten

Adresse:
Elbdeich,
21720 Grünendeich

Karte: S. 112

Der Lüher Fähranleger zählt zu den meistfrequentierten Treffs in Norddeutschland. Kein Wunder, glänzt er doch mit einer kulinarischen Rundumversorgung – oder besser: Premiumversorgung! Ein Dutzend Imbiss- und Getränkestände lockt an schönen Tagen nicht nur Motorradfahrer nach Grünendeich, sondern Heerscharen von Ausflüglern, die nach Kaffee, Bratwurst und Fischbrötchen über den Elbdeich spazieren.
Die Motorradfahrer parken auf einem speziellen Areal. An- und Abfahrt gestalten sich vor allem im Sonntagsverkehr als etwas mühsam. Und wehe, man hat's eilig: Ein Graffito (s. Seite 105) warnt vor neugierigen Polizisten-Augen ...

Lage & Umgebung:

Atmosphäre:

Ausstattung:

Essen & Trinken:

Motorraddichte:

Showfaktor:

Richtg.	km	Info
←	**0,0**	Start der Tour am Lüher Fähranleger Richtung *Jork* (Osten)
↑	**5,5**	rechts abbiegen Richtung *Jork Mitte*
↓	**6,6**	in Jork im Kreisverkehr die 3. Ausfahrt nehmen Richtung *Neugraben* und *Königreich*
←	**9,9**	geradeaus weiterfahren Richtung *Hamburg-Neugraben*
↖	**21,6**	halbrechts halten Richtung *Neugraben*
↑	**25,1**	in Hamburg-Neugraben rechts abbiegen Richtung *Cuxhaven* und *Harburg*
↓	**25,5**	im Kreisverkehr die dritte Ausfahrt nehmen Richtung *Cuxhaven* und *Harburg*
↓	**26,1**	an der Ampelkreuzung links abbiegen auf die *B 73* Richtung *Elbbrücken, Centrum* und *Harburg*
↑	**28,4**	rechts abbiegen Richtung *Ehestorf*
←	**34,6**	geradeaus weiterfahren Richtung *Sinstorf*
↑	**37,4**	rechts abbiegen Richtung *Metzendorf* und *Beckedorf*
↑	**39,5**	in Metzendorf rechts der abknickenden Vorfahrt folgen (keine Ausschilderung)

Richtg.	km	Info
←	40,4	in Tötensen geradeaus am Anwesen von *Dieter Bohlen* vorbeifahren
↓	41,6	an der Vorfahrtstraße links abbiegen (keine Ortsausschilderung) – unmittelbar danach:
↓	41,7	an der Ampelkreuzung links abbiegen Richtung *Hittfeld* und *Eddelsen*
↑	46,0	rechts abbiegen Richtung *Winsen* und *Jesteburg*
←	46,6	an der Ampelkreuzung geradeaus weiterfahren Richtung *Hanstedt* und *Jesteburg*
↓	56,0	in Jesteburg links der abknickenden Vorfahrt folgen Richtung *Hanstedt*
←	56,7	im Kreisverkehr die 2. Ausfahrt nehmen Richtung *Hanstedt*
↑	58,7	in Asendorf rechts abbiegen Richtung *Dierkshausen*
↗	61,4	In Dierkshausen scharf rechts abbiegen Richtung *Buchholz*
↓	66,5	in Schierhorn links abbiegen Richtung *Undeloh* und *Wesel*
↑	71,0	in Wesel an der Vorfahrtstraße rechts abbiegen Richtung *Welle* und *Inzmühlen*
↓	79,4	in Welle links abbiegen auf die *B 3* Richtung *Soltau* und *Schneverdingen*

Richtg.	km	Info
↑	89,7	in Barrl rechts abbiegen Richtung *Naturschutzakademie* und *Camp Reinsehlen*
↓	90,8	in einer Rechtskurve links abbiegen Richtung *Camp Reinsehlen*
↑	91,9	an einer unbeschilderten Kreuzung rechts abbiegen
↙	92,7	an der Weggabelung hinter dem Camp halblinks halten (keine Ausschilderung)
↓	93,3	an der Vorfahrtstraße links abbiegen Richtung *Schneverdingen*
←	97,7	in Schneverdingen geradeaus weiterfahren Richtung *Rotenburg*
↖	104,2	in Lünzen halbrechts halten Richtung *Fintel* und *Großenwede*
↙	105,0	halblinks halten Richtung *Ostervesede*
↓	108,2	links abbiegen in die Straße *Rieper Moor* (keine Ortsausschilderung – spät zu erkennen)
↑	113,7	an der Vorfahrtstraße rechts abbiegen (keine Ortsausschilderung)
↑	117,1	in Westervesede rechts halten Richtung *Fintel* (und *Scheeßel*)
←	117,6	geradeaus weiterfahren Richtung *Fintel*

Richtg.	km	Info
↓	**119,5**	in Ostervesede links abbiegen Richtung *Vahlde*
↖	**124,8**	halblinks abbiegen Richtung *Lauenbrück* und *Königsmoor*
↑	**125,6**	rechts abbiegen Richtung *Königsmoor* und *Stell* (sehr spät zu erkennen)
↑	**129,0**	an der Vorfahrtstraße rechts abbiegen Richtung *Fintel* und *Königsmoor*
↓	**130,1**	an der Vorfahrtstraße links abbiegen Richtung *Königsmoor*
↓	**131,6**	an der Vorfahrtstraße links abbiegen Richtung *B 75* und *Tostedt*
↑	**136,8**	rechts abbiegen auf die *B 75* Richtung *Hamburg*
↓	**142,5**	links abbiegen Richtung *Zeven* und *Sittensen*
↑	**147,3**	in Vaerloh rechts abbiegen Richtung *Heidenau*
↓	**152,0**	in Heidenau links abbiegen Richtung *Kallmoor* und *Birkenbüschen*
↑	**155,1**	in Kallmoor rechts abbiegen Richtung *Halvesbostel*
↓	**159,6**	in Halvesbostel an der Vorfahrtstraße links abbiegen (keinerlei Ausschilderung)

Richtg.	km	Info
↑	160,8	an der Vorfahrtstraße rechts abbiegen Richtung *Horneburg* und *Sauensiek*
↓	168,6	im Kreisverkehr die 3. Ausfahrt nehmen Richtung *Stade* und *Horneburg*
↓	176,2	links abbiegen auf die *B 73* Richtung *Cuxhaven* und *Stade*
↗	176,5	halbrechts abbiegen Richtung *Horneburg*
←	176,9	im Kreisverkehr die 2. Ausfahrt nehmen (keinerlei Ausschilderung)
↑	177,3	rechts abbiegen Richtung *Altes Land*
↓	182,4	in Mittelnkirchen links abbiegen Richtung *Stade*
↓	185,3	links der abknickenden Vorfahrt folgen (nach Steinkirchen) und sofort wieder
↑	185,4	rechts abbiegen Richtung *Stade*
↑	187,8	rechts abbiegen Richtung *Lüher Fähre* und *Schnellfähre Hamburg*
●	190,0	Ankunft am *Ausgangspunkt*

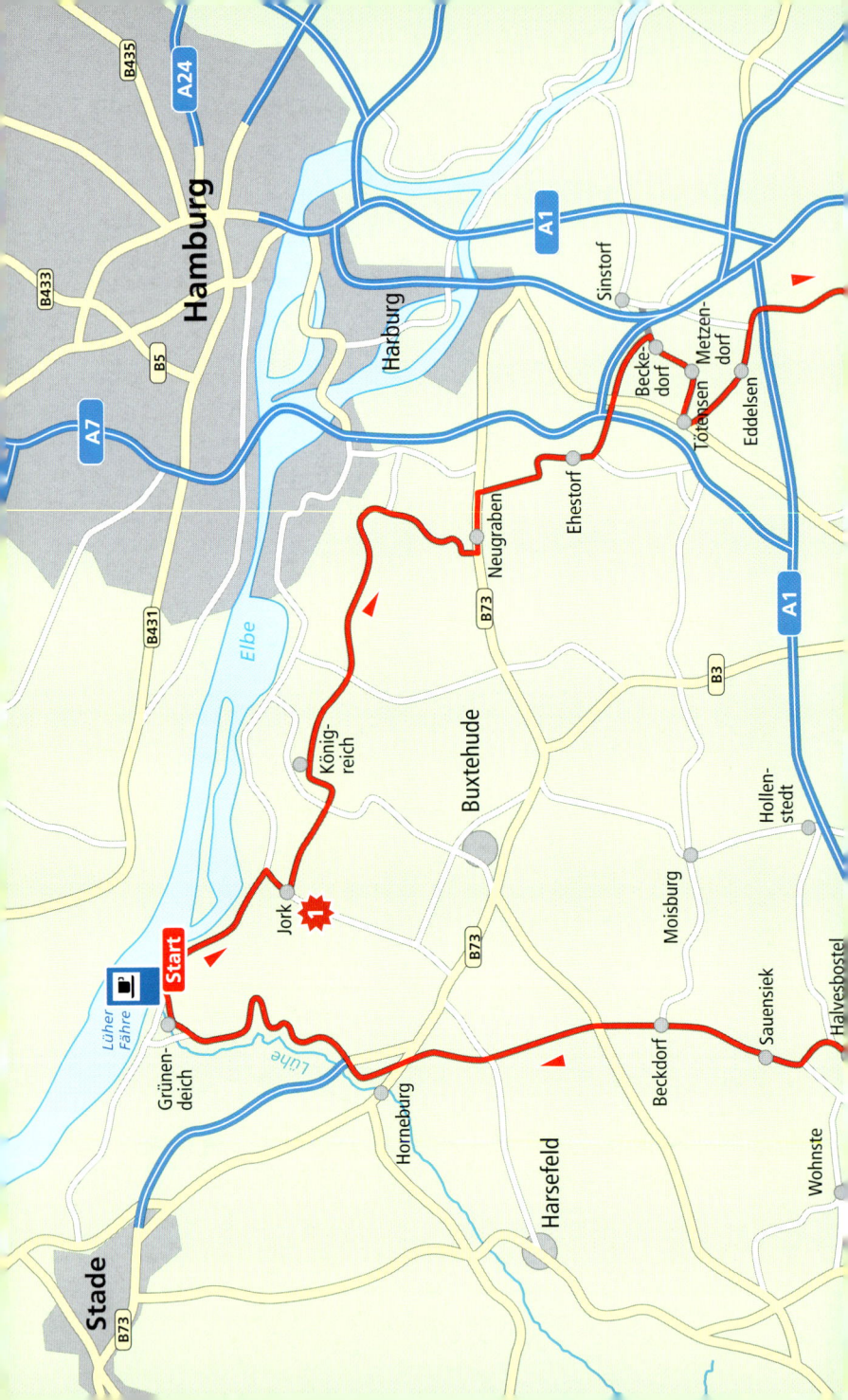

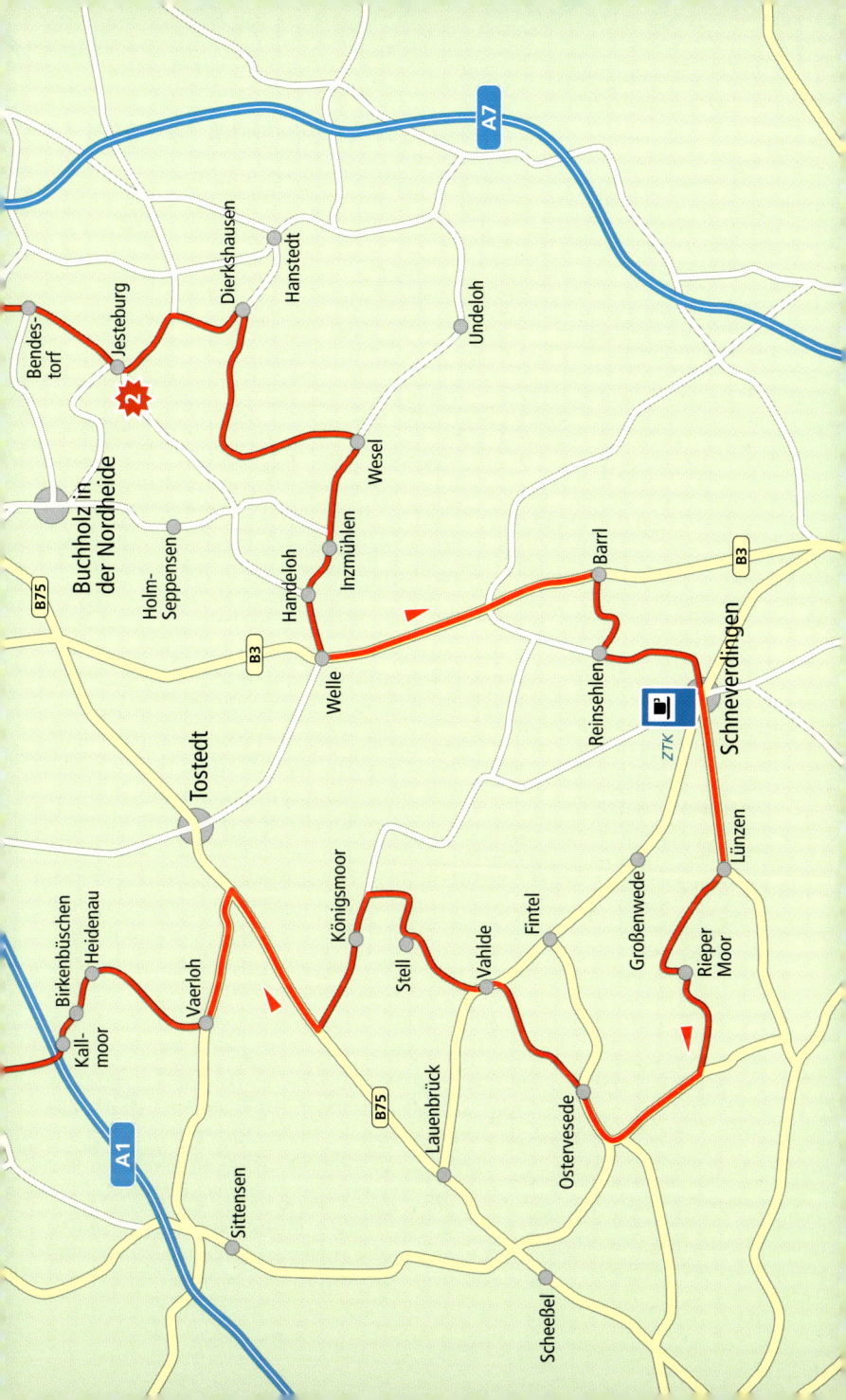

Zwischen Elbe und Weser

Typ:	entspannte Genießerrunde
Länge:	ca. 258 km
Sightseeing:	so gut wie nichts
Kurven:	wenige Kurvenabschnitte
Motorraddichte:	ausgesprochen gering
Kombinationen:	Tour 7 (Seite 100), Tour 9 (Seite 126)

Bewährtes soll man nicht ständig ändern. Treffen wir uns also nochmals am Lüher Anleger – diesmal zu einer Tour durchs „Nasse Dreieck". Starten wir also in Grünendeich zu einer netten Route, die uns zunächst ein wenig durchs Alte Land führt. Die ersten Schwünge längs der Elbe können wir noch nicht so richtig genießen – etliche Autos parken uns die Kurven zu. Riskieren wir also mal den einen oder anderen Blick ins pralle Leben. Hier dreht sich alles um Knupperkirsche & Friends, und selbst aus einer schnöden Herberge wird ein „Obst-Art-Hotel".

Schnell merken wir, dass der Bewohner dieses Landstrichs eine Menge Feinde hat. Mit Schildern wehrt er sich gegen die vielen Autos, die schnellfahrenden Lastwagen und gegen die dicken Schiffe auf einer vertieften Elbe. Und er wehrt sich gegen die Vögel, die seine schönen Früchte klauen wollen. Wer ein Netz hat, stülpt es über die Bäume. Wer kein Netz hat, hängt einfach ein wenig Bekleidung in die Bäume. Die Vögel denken dann, dass dort leibhaftige Altländer in den Bäumen hocken und nehmen Reißaus. Und die Vorbeifahrenden haben ihren Spaß an der ulkigen Deko.

Streckensperrung?

Eine Streckensperrung der K 63 bei Burg (ca. 1 km) für Motorräder könnte auch nach Erscheinen dieses Buches immer noch bestehen. Ursache ist eine tiefe Längsrille in der Mitte der Fahrbahn und die damit verbundene Sturzgefahr. Der im Falle einer Sperrung erzwungene Umweg führt von Ritschemoor über Hammah, die B 73 und Himmelpforten nach Burg. Naja, es gibt Schlimmeres.

Auf dem Weg nach Bützfleth wird die Strecke etwas lustlos. Leichte Besserung tritt ein, wenn wir der Elbe Adieu sagen und einen linken Haken schlagen. Ohne nennenswert von anderem Verkehr gestört zu werden, gleiten wir nun über Felder und Wiesen.

Hier ist das Land sehr weit und sehr frisch. Mittendurch eine prima Cruiserstrecke, die uns Entspannung ohne große Anstrengungen bietet. Einige Kur-

ven werden mit ziemlichem Tamtam angekündigt. Durchfahren darf man sie dann aber erstaunlicherweise ohne Tempolimit. Manch schöne Allee hat sich für uns aufgereiht – nur der Straßenbelag spielt zwei Ligen tiefer. Was aber kaum einen Kraftfahrer stört. Hier gibt's nämlich offenbar keine.

Sieht schneller aus als es ist: dynamisches Landstraßencruisen auf sympathischen Nebenstraßen.

In Wingst jagt uns ein Lebensmittelladen namens „Mordhorst" ein wenig Angst ein. Wenn wir uns wieder beruhigt haben, registrieren wir erfreut, dass sich in das Landschaftsbild fast unmerklich einige Hügel eingeschlichen haben, die für die eine oder andere Kurve sorgen. Auf der Suche nach Einsamkeit fühlen wir uns von den Neben-Nebenstrecken magisch angezogen. Tauchen in einen Wald und streifen den Balksee. Wer's wildromantisch mag, steigt ab und läuft ein paar Meter zum Wasser.

Die kurvige Einsamkeit hält ein paar Kilometer, dann entspannt sich die Straße wieder etwas, bevor sie dann im Spurt auf Bad Bederkesa wieder an Kurven und Tempo zulegt. Nach der Ortsdurchfahrt entscheiden wir uns wieder für die Nebenstrecken-Alternative. Überwiegend zum Wohlgefallen, denn die geflickten Straßenabschnitte können uns nicht ernsthaft die Laune vermiesen.

Kleine Waldstücke und Alleen zeigen uns, welch ansehnliche Dinge man mit Bäumen schaffen kann. Und wir genießen eine sehr angenehme Fahrt. Bundesstraßen queren wir schnell (B 71) oder streifen sie für einen Moment (B 74). Ernsthaft beschäftigen wollen wir uns aber nur mit den ausgesprochen verkehrsarmen Sträßchen der Gattungen L und K. Allerdings: Wenn wir Verkehr begegnen, dann sind das meist Traktoren. Die auch schon mal die komplette Straßenbreite brauchen. Ausladend bekofferte Motorräder müssen da auch schon mal ins Bankett ausweichen.

Natur in Topform: Das wirklich Sehenswerte auf dieser Tour wurde nicht von Menschenhand geschaffen.

Der Großraum Zeven bietet dann weniger Abwechslung. Lediglich ein Reifenhändler, der sein Geschäft

„Reifentreff" nennt, macht wirklich neugierig. Wer trifft sich hier? Pneus aller Art? Oder trifft man sich hier einfach mal „auf'n Reifen"? Oder treffen sich hier Reifenenthusiasten, um sich über ihr anspruchsvolles Hobby auszutauschen?

Wir haben noch eine Weile Zeit, über dieses kulturell und soziologisch interessante Phänomen nachzudenken, denn die Strecke ist auch hinter Zeven noch eine Weile recht ereignisarm.

Ab Ahrenswohlde kommt dann wieder etwas Spannung in das Ganze. Wohnste (noch – oder lebst du schon?) erreichen wir auf feiner Nebenstrecke, die danach an Qualität sogar noch etwas zulegt. Je mehr wir uns Hamburg nähern, desto dichter wird das gastronomische Angebot. Sehr viele Restaurants – und einige Wohnhäuser hinter diskreten Hecken. Und je

näher wir Hamburg kommen, desto mehr Wald durchfahren wir. Die Schwarzen Berge haben ihren Reiz.

Wir gleiten zu Tal und haben das Gefühl, als führen wir ein Endlos-Gefälle hinab. Tatsächlich sind es aber nur 100 Höhenmeter. Für die Radfahrer in Gegenrichtung sicher ein Thema, für uns aber nicht der Rede wert. Unten angekommen, sind wir schon mitten auf der Einflugschneise für Hamburg. Da wir aber wieder zurück zum Lüher Fähranleger wollen, schlagen wir uns noch einmal links in die Büsche. Die Orientierung in Hausbruch ist nicht ganz einfach. Schilder fehlen – und wir müssen uns anhand der Straßennamen orientieren (Roadbook!) Bald gleiten wir wieder übers Land und die Bauernhöfe tragen Fachwerk.

Freundliche Rast: Es muss nicht immer ein Motorradtreff sein, um sein Bike einmal abzustellen und den Tag zu genießen.

Das Alte Land hat uns wieder. Wir freuen uns, dass hier solche Dinge wie „Heißmangel" und „Korbflechter" noch nicht ganz ausgestorben sind. Müssen wieder grinsen, wenn wir die Kleidung in den Bäumen sehen. Und können uns an manch prachtvollem alten Bau erfreuen. Schöner Ausklang!

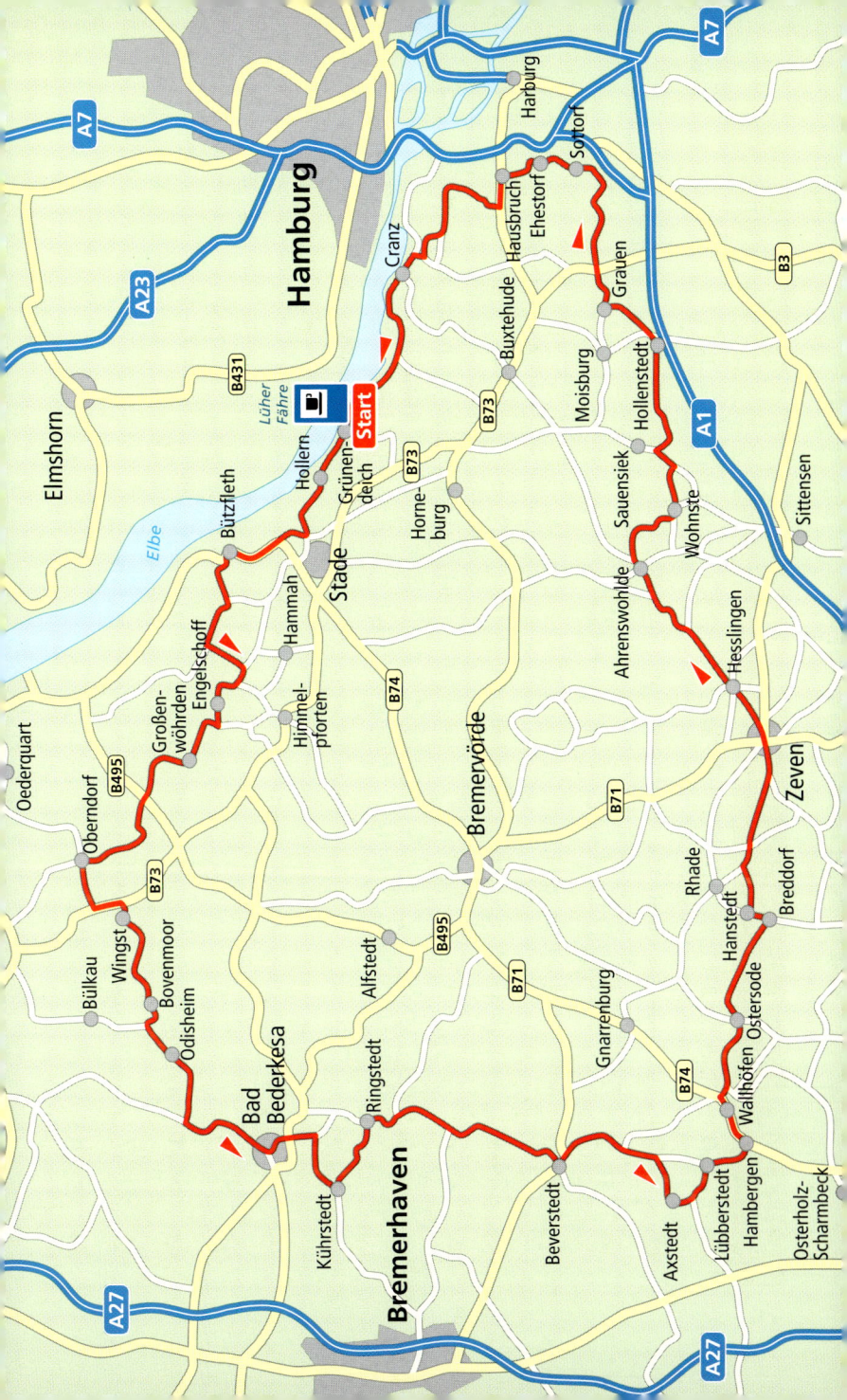

Richtg.	km	Info
●	0,0	Start am Motorradtreff *Lüher Fähranleger* (Grünendeich) Richtung *Stade*
↑	2,3	am Ende der Elbstraße rechts abbiegen Richtung *Stade* und *Hollern-Twielenfleth*
↑	10,2	rechts abbiegen Richtung *Fischhafen* und *Elbefähre*
↓	17,0	in Bützfleth links abbiegen Richtung *Bützflether Moor*
↓	24,4	links abbiegen Richtung *Hammah* und *Himmelpforten*
←	27,6	geradeaus weiterfahren Richtung Himmelpforten *(Wegen Sanierungsarbeiten kann dieser Streckenabschnitt 2008 noch für Motorräder gesperrt sein! Dann Umleitung Hammah -> Himmelpforten -> Engelschoff benutzen.)*
↑	29,2	rechts abbiegen Richtung *Neuland* und *Engelschoff*
↑	33,5	rechts abbiegen Richtung *Freiburg* und *Großenwörden*
←	42,8	geradeaus weiterfahren Richtung *Oederquart*
↓	51,1	in Bentwisch links abbiegen Richtung *Oberndorf* und *Wingst*
↑	51,7	rechts abbiegen Richtung *B 73* und *Wingst*
↓	55,0	links abbiegen auf die *B 73* Richtung *Hamburg* und *Stade*

Richtg.	km	Info
↑	**57,0**	rechts abbiegen Richtung *Bülkau* und *Wingst*
↓	**58,2**	links abbiegen Richtung *Bülkau*
↖	**60,5**	halbrechts abbiegen Richtung *Bülkau*
↓	**62,7**	links abbiegen in die Anglerstraße Richtung *Balksee*
↙	**63,3**	an der Vorfahrtstraße halblinks abbiegen Richtung *Balksee*
↑	**64,0**	rechts der abknickenden Vorfahrt folgen Richtung *Oppeln*
↓	**66,2**	links der abknickenden Vorfahrt folgen Richtung *Bülkau-Bovenmoor*
↑	**66,6**	rechts der abknickenden Vorfahrt folgen Richtung *Bovenmoor*
↓	**68,5**	links abbiegen Richtung *Bad Bederkesa* und *Odisheim*
↓	**77,1**	links abbiegen Richtung *Bremerhaven* und *Bad Bederkesa*
↓	**84,5**	in Bad Bederkesa an der Vorfahrtstraße links abbiegen Richtung *Ortsmitte* (mit einem Links-Rechts-Schlenker durch Bad Bederkesa fahren)
←	**86,6**	im Kreisverkehr die 2. Ausfahrt nehmen Richtung *Beverstedt*
↑	**88,4**	rechts abbiegen Richtung *Alfstedt*

Richtg.	km	Info
↓	91,1	an der Vorfahrtstraße links abbiegen Richtung *Ringstedt* und *Kührstedt*
↓	97,1	in Ringstedt der abknickenden Vorfahrt links folgen
↑	98,3	rechts abbiegen Richtung *Beverstedt* und *Köhlen*
←	105,5	im Kreisverkehr die 2. Ausfahrt nehmen Richtung *Beverstedt*
←	114,0	in Beverstedt geradeaus über die Stoppstraße fahren Richtung *Ortsmitte*
↓	114,8	an der Gaststätte „Krone" links abbiegen in die *Wesermünderstraße* und sofort wieder
↓	114,9	links abbiegen in die *Logestraße*
↑	115,3	rechts abbiegen Richtung *Hambergen*
←	116,1	im Kreisverkehr die 1. Ausfahrt nehmen Richtung *Hambergen*
←	120,9	geradeaus weiterfahren Richtung *Hambergen* und *Osterholz-Scharmbeck*
↗	123,3	halbrechts abbiegen Richtung *Axstedt*
↓	127,0	in Axstedt links abbiegen Richtung *Hambergen* und *Lübberstedt*
↓	128,5	links abbiegen Richtung *Hambergen* und *Lübberstedt*
↑	128,8	in Lübberstedt Bahnhof der abknickenden Vorfahrt rechts folgen (keine Ausschilderung)

Richtg.	km	Info
↑	131,6	rechts abbiegen Richtung *Bremen* und *Hambergen*
↓	135,4	im Kreisverkehr die 2. Ausfahrt nehmen Richtung *Stade* und *Bremervörde*
↑	139,4	rechts abbiegen Richtung *Ostersode*
←	145,6	an der Stoppstraße geradeaus weiterfahren Richtung *Breddorf*
←	153,1	in Breddorf im Kreisverkehr die 2. Ausfahrt nehmen Richtung *Hanstedt* und *Rhade*
↓	153,7	an der Stoppstraße links abbiegen Richtung *Rhade* und *Hanstedt*
↑	155,3	hinter dem Ortseingang von Hanstedt rechts abbiegen in die *Alte Dorfstraße*
←	158,6	am Ortseingang von Rhadereistedt geradeaus über die Vorfahrtstraße fahren
↑	158,8	an der nächsten Vorfahrtstraße rechts abbiegen in die *Landesstraße*
←	168,2	in Zeven geradeaus weiterfahren Richtung *Sittensen* und *Stade*
↑	181,9	hinter Wangersen rechts abbiegen Richtung *Buxtehude*
←	184,4	in Ahrenswohlde geradeaus weiterfahren Richtung *Buxtehude*
↗	184,9	halbrechts abbiegen Richtung *Wohnste*
↑	186,8	rechts abbiegen Richtung *Wohnste*

Richtg.	km	Info
↓	194,2	an der Vorfahrtstraße links abbiegen Richtung *Horneburg* und *Sauensiek*
↑	196,0	rechts abbiegen Richtung *Hollenstedt*
↓	199,2	der abknickenden Vorfahrt links folgen Richtung *Hollenstedt*
←	204,7	in Hollenstedt im Kreisverkehr die 2. Ausfahrt nehmen
←	204,9	geradeaus weiterfahren Richtung *Buxtehude*
↓	205,2	links der abknickenden Vorfahrt folgen Richtung *Buxtehude* und *Moisburg*
↑	205,3	rechts abbiegen Richtung *Mienenbüttel*
↓	206,1	links abbiegen Richtung *Grauen, Appel* und *Appelbeck am See*
↗	206,8	halbrechts der abknickenden Vorfahrt folgen
↑	210,2	in Grauen rechts abbiegen Richtung *B 3* und *Eversen*
↓	211,2	in Eversen links abbiegen Richtung *Sieversen* und *Rosengarten*
←	213,2	an der Stoppstraße geradeaus fahren Richtung *Tötensen*
↓	219,7	in Sieversen links abbiegen Richtung *Sottorf* und *Hamburg-Harburg*

Richtg.	km	Info
↖	**221,2**	in Leversen halblinks halten Richtung *Hamburg-Harburg* und *Sottdorf*
↓	**224,5**	in Vahrendorf links abbiegen Richtung *Ehestorf*
↓	**225,3**	in Ehestorf links abbiegen Richtung *Buxtehude, Stade* und *Hamburg-Hausbruch*
↓	**229,6**	in Hamburg-Hausbruch links abbiegen auf die *B 73* Richtung *Stade* und *Cuxhaven*
↑	**231,8**	rechts abbiegen in den *Süderelbebogen*
↑	**232,4**	im Kreisverkehr die 1. Ausfahrt nehmen Richtung *Süderelbe*
↓	**232,7**	hinter der Haltestelle Neuwiedenthalerstraße links abbiegen in die *Francoperstraße*
↖	**236,1**	halblinks halten Richtung *Cranz* und *Neuenfelde*
↗	**240,6**	halbrechts fahren in die *Hasselwerderstraße*
↑	**243,0**	rechts abbiegen in den *Neuenfelder Fährdeich* (Richtung *Cranz*)
↑	**243,6**	rechts abbiegen in den *Neuenfelder Damm* Richtung *Cranz*
↓	**244,1**	links abbiegen auf den *Neuenfelder Hauptdeich* Richtung *Cranz*
●	**258,0**	Ankunft am Ausgangspunkt

Moore, Busen, Kurven

Typ:	sehr abwechslungsreiche Ganztagestour
Länge:	ca. 280 km
Sightseeing:	wenig (Dangast: Kunst am Strand)
Kurven:	einige knackige Kurven-Abschnitte
Motorraddichte:	überwiegend gering
Kombinationen:	Tour 8 (Seite 114)

Vor allem, wenn man aus dem Norden anreist zu dieser Tour rund um Bremen, eignet sich Hagen im Bremischen sehr gut als Ausgangspunkt. Die Burg zu Hagen und der Parkplatz davor sind kaum zu verfehlen. Starten wir also hier zu einer abwechslungsreichen 280-km-Runde, die wie im Fluge vergeht.

WIndenergie: Wenn man Fahrtwind doch auch zu Strom machen könnte ...

Zunächst halten wir Kurs auf die Weser, lassen Wald, Feld und Wiese sich zu einem angenehmen Mix vereinen und staunen über die Dörfer, die ein keckes „Ferienort" im Ortsschild führen, obwohl sie noch meilenweit von Wasser und Strand entfernt sind. Die

Fähren

Alle Fähren über Flüsse kosten Geld – alle Kanalfähren sind kostenlos. Das hat natürlich seinen guten Grund.

Schließlich waren die Flüsse schon da, bevor die Menschen kamen. Wer rüber wollte, musste schwimmen, paddeln oder blechen.

Die Kanäle kamen erst viel später. Da wohnten die Menschen schon dort. Die künstlichen Wasserstraßen zerschnitten Siedlungen und Wirtschaftswege. Deshalb wurde ein Bau nur dann genehmigt, wenn die Kanalbetreiber auf ewig für den kostenlosen Transport der Menschen über das künstliche Hindernis aufkommen.

Weser kreuzen wir dann bei Sandstedt mit der Fähre und nehmen dann Kurs auf den Busen der Jade.

Kleine, freundliche Straßen führen uns dorthin, durch ein Land, das seine Torf-Vergangenheit nicht verleugnen kann: Frieschenmoor, Kötermoor, Rönnelmoor heißen z.B. Ortschaften auf unserem Weg. Und wir lernen Landwirtschaft in allen Facetten kennen: die unterschiedlichsten Höfe, die verschiedensten Traktoren.

In Schweiburg gibt es keine Möglichkeit mehr, der Bundesstraße zu entfliehen. Also fügen wir uns für ein paar Kilometer und fädeln uns auf die B 437 ein. In Hohenberge werden wir mittels einer Abbiegemöglichkeit erlöst. Auf kleiner Nebenstraße eilen wir

Dangast

Kunst hat in dem Seebad am Jadebusen eine lange Tradition. Künstler der legendären „Brücke" haben damit schon 1907 angefangen. Läuft man mit offenen Augen durch Dangast, kommt man an den vielen Kunstwerken kaum vorbei. Am Strand wird's dann spektakulär. Der Thron von Kaiser Butjatha steht noch. Nur der Kaiser hat abgedankt.
Für das meiste Aufsehen sorgt allerdings Eckart Grenzers „Grenzstein". Dieser ist nämlich, wie der Künstler erklärt, ein „verbindendes Glied zwischen dem weiblichen Meer und der männlichen Erde". *)
Und sieht folgerichtig einem Phallus nicht unähnlich. Nach eigenem Bekunden haben sich die Dangaster Bürger inzwischen an den Anblick gewöhnt.

*) Die Autoren dieses Buches gingen bislang immer davon aus, dass es „Mutter Erde" heiße. Lassen sich aber von Eckart Grenzer gerne eines Besseren belehren.

Dangast entgegen und bekommen unterwegs noch ein paar Kurven geschenkt. Zum Schluss lohnt ein kleiner Abstecher nach Dangast rein. Merkwürdige Skulpturen stehen dort am Strand – und man kann sich auch auf einen Kaffee mit Meeresbrise niederlassen.

Weiter geht es über Varel auf den Jaderberg (heißt nur so ...) vorbei am Pfötchen-Hotel (heißt wirklich so!) nach Jade. Angenehme Landschaft ist dabei unsere Begleiterin, nur der Asphalt schwächelt stark. Ab Huntorf wird's dann noch übler: Wer zu flott unterwegs ist, dem haut es die Plomben raus. Freimütig räumen denn auch die Behörden ein, dass es hier

wohl Qualitätsprobleme gibt. Die Schilder sprechen von „Straßenschäden".

Auch Dangast.
Auch Kunst.

Nachdem wir die Hunte überquert haben, durchfahren wir Köterende (doch, heißt so!) und nehmen Kurs auf Pfahlhausen und Reiherholz. Irgendwann wird dann auch der Straßenbelag besser und die eine oder andere Kurve gesellt sich dazu. Wir sind fast allein auf weiter Flur und können unsere Fahrt nahezu unbehelligt genießen. Erst wenn wir bei Altmoorhausen wieder eine langweiligere Straße treffen, rauschen wieder etliche Auto- und Motorradfahrer um uns herum.

Wir entscheiden uns schnell wieder gegen das gesellige Beisammensein und greifen uns eine Nebenstraße, die hinter Nuttel und Klattenhof ganz winzig wird, eingerahmt von lauschigem Grün. Drei Kilometer Bundesstraße unterbrechen den Fahrspaß nicht wesentlich und hinter Hengsterholz geht es weiter auf den kleinen Straßen. Wir streifen Harpstedt und entdecken dann die kurvige Seite der Wildeshauser Geest. Knackig und ohne Tempolimits geht es zur Sache – und das gilt fast bis Syke.

Hoope-Park

Das Enduro- und Cross-Gelände steht an manchen Tagen allen Interessierten offen. Wer seine Geländefähigkeiten testen oder überhaupt erst welche erlernen möchte, sollte sich auf der Website die freien Termine heraussuchen.
Ab 15 EUR (halbtags) ist man dabei.
Wulsbütteler Str. 2, 27628 Wulsbüttel, www.hoopepark.de

Die Ortsdurchfahrt hält ein wenig auf – am besten, man versucht es außen herum. Wessen Herz für Triumph oder Buell schlägt, der geht spätestens in Schnepke in die Eisen. Der ortsansässige Spezialitätenhändler serviert aber nicht nur Motorräder, sondern auch Kaffee für das durstige Reisevolk. Liebhaber von Backstein- und Fachwerkarchitektur sowie der ansehnlichen Mixtur aus beidem kommen dann in Schwarme auf ihre Kosten. Aber wie jede dritte Gemeinde hier hat auch Schwarme Bauplätze zu verkaufen. Also man möchte dieses schöne Fleckchen Land wohl noch ein bisschen zusiedeln. Ob es wohl genug Bremer gibt, die hier rausdrängen?

Auf angenehmen, aber ansonsten unspektakulären Wegen nähern wir uns dann wieder der Weser, die wir diesmal per Brücke queren. Nördlich des Flusses setzt sich die freundliche Fahrt fort – und beim Ortsschild von Grasdorf müssen wir schmunzeln. Offizieller Untertitel der Gemeinde: „Fleckenottersdorf". Auch diese Ortsdurchfahrt ist, wie auch alle anderen hier, recht schnell erledigt. Und außerhalb der Gemeinden wurden erfreulich wenig Verkehrsschilder aufgestellt. Erst hinter Bassen werden wir legislativ gedrosselt.

Eine sehr schöne Allee geleitet uns auf unserem Weg nach Fischerhude, hinter dessen Ortsausgangsschild wir wieder ungestraft am Kabel ziehen dürften, gäbe es nicht die deutliche Warnung vor liebestollem Wild, das unverhofft unsere Wege kreuzen könnte. Keine Gefahr geht allerdings von der Gastronomie aus, die sich ausgesprochen hochgeklappt und verschlossen präsentiert. Und das selbst an einem wunderschönen Samstagnachmittag im Hochsommer.

Bevor wir uns durch Osterholz-Scharmbeck mogeln, erfreut uns die Hamme mit einem romantischen Anblick inklusive auf ihr dümpelnder Bötchen. Dann geht es in einem größeren Bogen wieder zurück nach Hagen. Wer vorher noch mal ein paar Runden offroad drehen oder einfach nur gucken möchte, macht kurz vor dem Ziel noch einen kleinen Abstecher zum Hoope-Park. Albstedt und Wulsbüttel weisen die Richtung.

Blauer Himmel – grauer Himmel: Diese Tour macht bei (fast) jedem Wetter Spaß.

Richtg.	km	Info
↓	0,0	Start in *Hagen im Bremischen*, Parkplatz an der Burg, links Richtung *Sandstedt* und *Weserfähre*
↑	0,7	rechts abbiegen Richtung *Autobahn Bremen, Cuxhaven* und *Fähre Sandstedt-Brake*
↑	9,3	rechts abbiegen Richtung *Bremerhaven* und *Fähre*
↓	10,2	links abbiegen Richtung *Fähre Sandstedt-Brake*
←	11,3	mit der Fähre die Weser überqueren
←	12,2	geradeaus weiterfahren Richtung *Bremen, Oldenburg* und *Nordenham*
↑	13,2	rechts abbiegen Richtung *Sürwürden*
↑	16,5	in Sürwürden rechts abbiegen Richtung *Rodenkirchen*
↓	17,0	links abbiegen Richtung *Alserwurp*
↓	19,6	links abbiegen Richtung *Frieschenmoor*
↑	23,5	rechts abbiegen Richtung *Seefeld* und *Schwei*
↓	25,9	links abbiegen Richtung *Rönnelmoor*

Richtg.	km	Info
↑	**29,8**	rechts abbiegen Richtung *Schweierzoll*
↓	**30,5**	am grünen Ortsschild *Achtermeer* links abbiegen in die *Jungfernstraße* (Beschilderung: *Radweg nach Varel*)
←	**31,5**	geradeaus in die abknickende Vorfahrtstraße einfahren Richtung *Schweiburg*
↓	**33,8**	in Schweiburg links abbiegen Richtung *Varel* und *Autobahn Wilhelmshaven, Oldenburg*
↑	**41,8**	rechts abbiegen Richtung *Vareler Hafen*
↓	**43,4**	an der Vorfahrtstraße links abbiegen (Restaurant „Aal u. Krabbe", keine Ausschilderung)
↑	**43,7**	rechts abbiegen Richtung *Dangast*
↑	**49,6**	**Abstecher nach Dangast (ca. 1,5 km):** hier rechts abbiegen
↓	**49,6**	links abbiegen Richtung *Varel* und *Langendamm*
←	**52,4**	geradeaus weiterfahren Richtung *Langendamm*
↓	**54,4**	links abbiegen auf die *B 437* Richtung *Varel*
←	**56,2**	geradeaus weiterfahren und auf der *B 473* bleiben

Richtg.	km	Info
←	56,9	im Kreisverkehr die 2. Ausfahrt nehmen Richtung *Nordenham*
↑	57,5	rechts abbiegen Richtung *Jaderberg*
↓	63,8	links abbiegen Richtung *Rodenkirchen* und *Brake*
↑	67,5	rechts abbiegen Richtung *Barghorn* und *Bollenhagen*
←	74,3	geradeaus weiterfahren Richtung *Barghorn*
↓	76,6	links der abknickenden Vorfahrt folgen Richtung *Barghorn* und *Elsfleth*
↖	81,1	halbrechts in die abknickende Vorfahrt fahren Richtung *Elsfleth* und *Großenmeer*
←	82,0	geradeaus über die Stoppstraße fahren Richtung *Berne* und *Elsfleth*
←	86,1	geradeaus weiterfahren Richtung *Berne*
↓	91,4	links abbiegen Richtung *Berne* und *Elsfleth*
↑	95,6	rechts abbiegen auf die *B 212* Richtung *Bremen*
↗	96,3	scharf rechts abbiegen Richtung *Wüsting* und *Neuenhuntorf*
←	102,0	geradeaus weiterfahren Richtung *Hude* und *Berne*

Richtg.	km	Info
←	105,2	geradeaus weiterfahren Richtung *Hude*
↑	105,5	rechts abbiegen Richtung *Pfahlhausen* und *Reiherholz*
↑	109,3	rechts abbiegen Richtung *Wüsting* und *Altmoorhausen*
←	111,5	geradeaus weiterfahren Richtung *Altmoorhausen*
↓	116,2	in Altmoorhausen links abbiegen Richtung *Delmenhorst*
↑	123,7	an der Ampelkreuzung rechts abbiegen Richtung *Kirchhatten*
↓	127,6	in Dingstede links abbiegen Richtung *Brettorf*
↓	134,3	links abbiegen Richtung *Klattenhof* und *Ganderkesee*
↑	135,0	in Klattenhof rechts abbiegen Richtung *Haidhäuser* (Wegweiser sehr spät zu erkennen)
↙	136,2	am Bahnübergang halblinks abbiegen in den *Hengsterholzer Weg*
↑	136,5	rechts abbiegen in die Straße *Landriede*
↙	137,3	an der Weggabelung hinter der Straße Kronskamp halblinks halten und weiter auf der Straße *Landriede* bleiben

Richtg.	km	Info
↓	139,1	am Ende der Nebenstrecke links abbiegen auf die *B 213* (keine Ortsausschilderung)
↑	142,7	rechts abbiegen Richtung *Harpstedt* und *Klein Henstedt*
↓	148,8	links abbiegen Richtung *Horstedt*
↑	149,2	in Horstedt an der ersten Möglichkeit rechts abbiegen *(Horstedter Weg)*
↗	152,1	am Ende des Horstedter Wegs halbrechts in die Vorfahrtstraße einbiegen
←	153,3	in Harpstedt geradeaus orientieren Richtung *Bassum* und *Syke* (links – rechts)
↓	156,3	links abbiegen Richtung *Syke*
←	164,4	geradeaus orientieren Richtung *Syke* (links – rechts mit ca. 100 m Versatz)
↓/↗	170,1	in Syke der Durchgangsstraße folgen (erst links – dann rechts, keine Ortsausschilderung)
←	171,9	an der Ampelkreuzung geradeaus weiterfahren Richtung *Barrien*
↑	172,5	rechts abbiegen auf die *B 6* Richtung *Nienburg*
↓	174,4	in Syke links abbiegen Richtung *Verden* und *Thedinghausen*
↗	175,2	halbrechts halten Richtung *Verden* und *Gödestorf*

Richtg.	km	Info
↑	**180,7**	rechts der abknickenden Vorfahrt folgen Richtung *Verden* und *Thedinghausen*
↑	**185,6**	rechts abbiegen Richtung *Hoya* und *Schwarme*
↙	**189,7**	in Schwarme halblinks abbiegen Richtung *Morsum*
←	**193,8**	im Kreisverkehr die 2. Ausfahrt nehmen Richtung *Verden* und *Einste*
↙	**197,1**	in Einste halblinks abbiegen Richtung *Verden* und *Blender*
↓	**199,7**	in Blender an der Stoppstraße links abbiegen Richtung *Thedinghausen*
↗	**200,1**	halbrechts abbiegen Richtung *Intschede* und *Daverden*
←	**207,0**	in Daverden geradeaus über die Vorfahrtstraße fahren Richtung *Posthausen* u. *Grasdorf*
←	**214,3**	in Grasdorf geradeaus über die Stoppstraße fahren Richtung *Bassen* und *Posthausen*
←	**216,2**	geradeaus weiterfahren Richtung *Bassen*
↑	**220,5**	an der Vorfahrtstraße rechts abbiegen Richtung *Bassen*
↑	**221,3**	in Bassen an der Stoppstraße rechts abbiegen Richtung *Rotenburg* und *Ottersberg* und sofort danach

Richtg.	km	Info
↓	**221,3**	links abbiegen in die Tempo-30-Zone *(Bassener Dorfstraße)*
↑	**221,5**	rechts abbiegen in die *Feldstraße*
↓	**222,7**	links abbiegen in die Straße *Köbens*
↑	**225,5**	an der Vorfahrtstraße rechts abbiegen (keine Ortsausschilderung)
↑	**226,1**	an der Vorfahrtstraße rechts abbiegen (keine Ausschilderung)
↓	**229,5**	hinter Fischerhude links abbiegen Richtung *Grasberg* und *Rautendorf*
↓	**230,0**	an der Stoppstraße links abbiegen Richtung *Lilienthal*
←	**233,6**	geradeaus weiterfahren Richtung *Bremen*
←	**239,0**	in Lilienthal an der Ampelkreuzung geradeaus weiterfahren Richtung *Ritterhude* und *Osterholz-Scharmbeck*
↑	**240,4**	rechts abbiegen Richtung *Osterholz-Scharmbeck* und *Ritterhude*
↑	**249,2**	rechts abbiegen Richtung *Osterholz-Scharmbeck* und *Worpswede*
←	**250,3**	geradeaus weiterfahren Richtung *Osterholz-Scharmbeck*

Richtg.	km	Info
↑	**253,8**	in Osterholz-Scharmbeck an der Ampelkreuzung rechts abbiegen auf die *B 74* Richtung *Stade* und *Hambergen*
↓	**254,2**	links abbiegen Richtung *Stadtmitte* und *Kreisverwaltung*
↑	**255,1**	nach einer Brücke rechts abbiegen Richtung *Berufsbildende Schulen* (Am Hünenstein)
←	**256,5**	im Kreisverkehr mit den bunten Kühen die 2. Ausfahrt nehmen (keine Ausschilderung)
↑	**257,3**	an der Vorfahrtstraße rechts abbiegen (keine Ausschilderung, Fahrradwegweiser nach *Axstedt* und *Westerbeck*)
↑	**261,6**	rechts abbiegen Richtung *Hambergen, Ohlenstedt* und *Hülseberg*
↓	**265,0**	links abbiegen Richtung *Harrendorf*
←	**269,8**	geradeaus über die Vorfahrtstraße fahren Richtung *Harrendorf*
↓	**271,5**	am Ende der Strecke links abbiegen in die Straße *Finnaerberg* (keine Ortsausschilderung)
↑	**275,4**	an der Stoppstraße rechts abbiegen Richtung *Bremerhaven*
↓	**276,2**	links abbiegen Richtung *Fähre Sandstedt, Hagen* sowie *Autobahn Bremen, Cuxhaven*
●	**278,4**	Ankunft am *Ausgangspunkt*

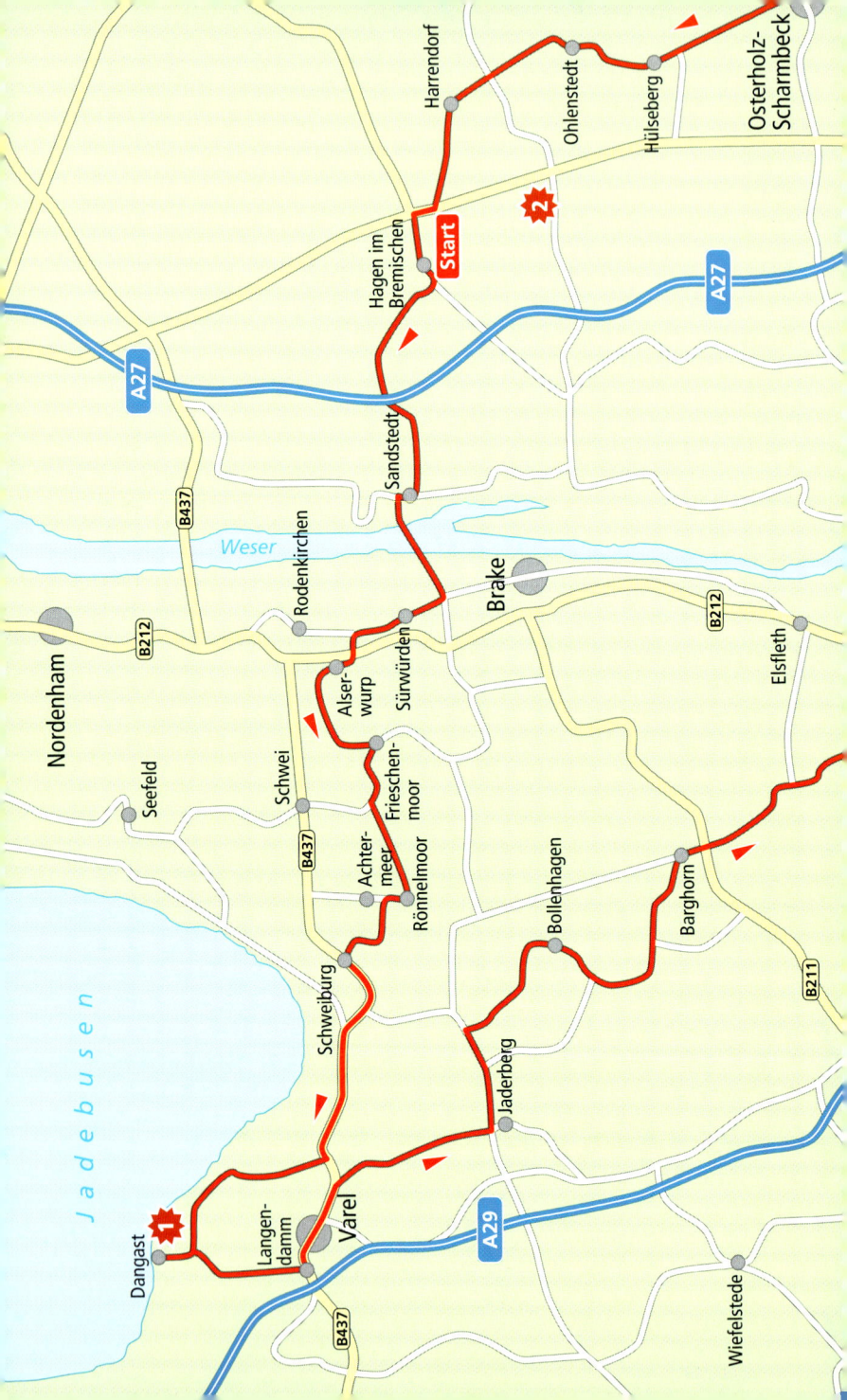

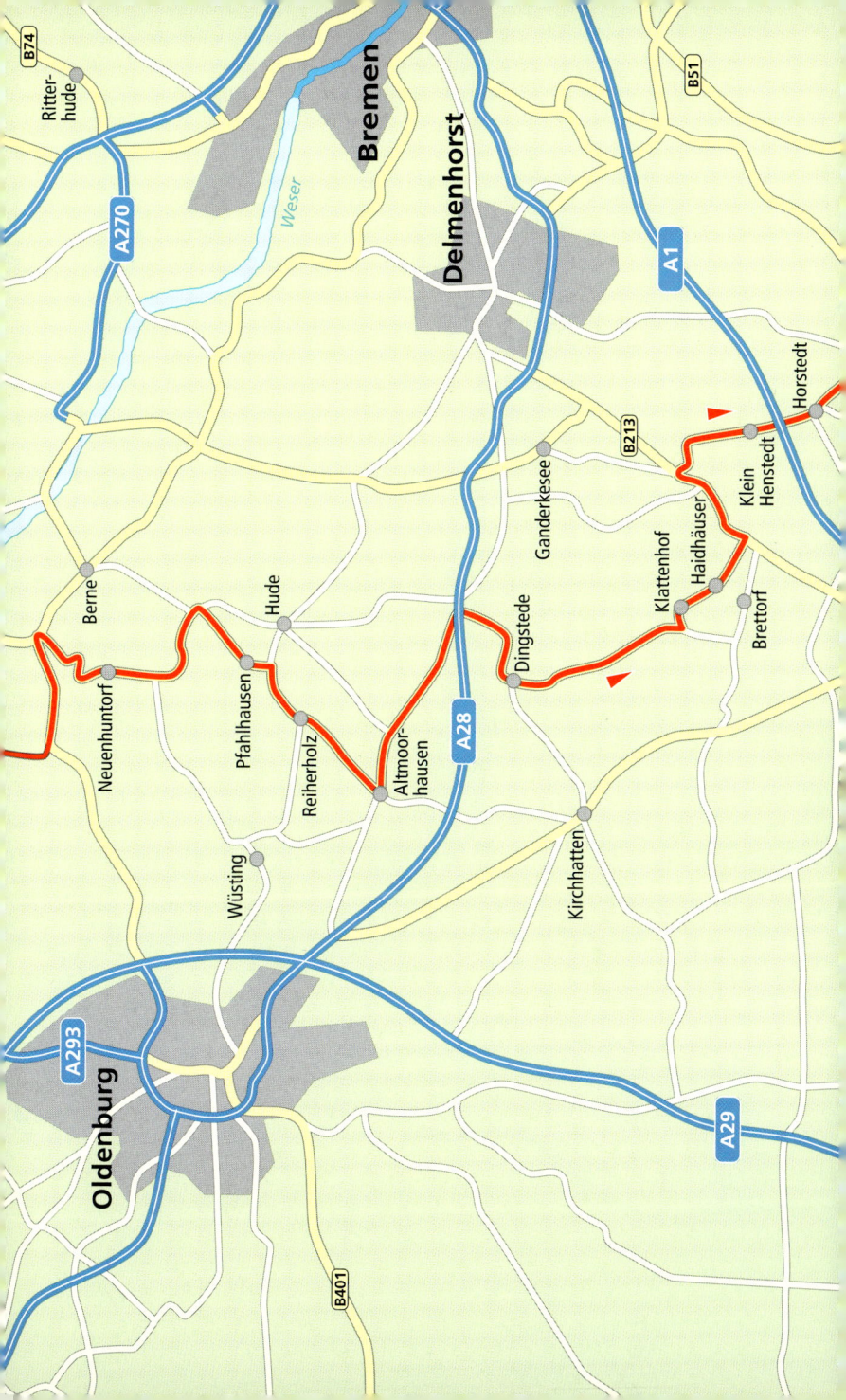

Erlebnis
Motorrad

Ruhrgebiet
ISBN 3-89861-183-3 – 128 Seiten – 12,00 EUR

Rheinland
ISBN 3-89861-350-X – 160 Seiten – 12,90 EUR

Stuttgart
ISBN 3-89861-573-1 – 144 Seiten – 12,90 EUR

Ruhrgebiet und Westfalen (2)
ISBN 3-89861-574-X – 144 Seiten – 12,90 EUR

in Vorbereitung:

Rhein-Main

München und Umgebung

Berlin und Umgebung